中华文化风采录

历来古景风采

传统的子村

陈 璞 编著

南京夫子庙

北方妇女儿童出版社
·长春·

图书在版编目（CIP）数据

　传统的学府 / 陈璞编著. —长春 ： 北方妇女儿童出版社， 2017.4（2022.8重印）
　（历来古景风采）
　ISBN 978-7-5585-0930-8

　Ⅰ．①传… Ⅱ．①陈… Ⅲ．①国子监－介绍－中国 Ⅳ．①G639.29

中国版本图书馆CIP数据核字(2017)第050742号

传统的学府
CHUANTONG DE XUEFU

出 版 人　师晓晖
责任编辑　吴　桐
开　　本　700mm×1000mm　1/16
印　　张　6
字　　数　85千字
版　　次　2017年4月第1版
印　　次　2022年8月第3次印刷
印　　刷　永清县晔盛亚胶印有限公司
出　　版　北方妇女儿童出版社
发　　行　北方妇女儿童出版社
地　　址　长春市福祉大路5788号
电　　话　总编办：0431-81629600

定　　价　36.00元

习近平总书记说："提高国家文化软实力，要努力展示中华文化独特魅力。在5000多年文明发展进程中，中华民族创造了博大精深的灿烂文化，要使中华民族最基本的文化基因与当代文化相适应、与现代社会相协调，以人们喜闻乐见、具有广泛参与性的方式推广开来，把跨越时空、超越国度、富有永恒魅力、具有当代价值的文化精神弘扬起来，把继承传统优秀文化又弘扬时代精神、立足本国又面向世界的当代中国文化创新成果传播出去。"

为此，党和政府十分重视优秀的先进的文化建设，特别是随着经济的腾飞，提出了中华文化伟大复兴的号召。当然，要实现中华文化伟大复兴，首先要站在传统文化前沿，薪火相传，一脉相承，弘扬和发展5000多年来优秀的、光明的、先进的、科学的、文明的和自豪的文化，融合古今中外一切文化精华，构建具有中国特色的现代民族文化，向世界和未来展示中华民族具有独特魅力的文化风采。

中华文化就是中华民族及其祖先所创造的、为中华民族世世代代所继承发展的、具有鲜明民族特色而内涵博大精深的优良传统文化，历史十分悠久，流传非常广泛，在世界上拥有巨大的影响力，是世界上唯一绵延不绝而从没中断的古老文化，并始终充满了生机与活力。

浩浩历史长河，熊熊文明薪火，中华文化源远流长，滚滚黄河、滔滔长江是最直接的源头，这两大文化浪涛经过千百年冲刷洗礼和不断交流、融合以及沉淀，最终形成了求同存异、兼收并蓄的辉煌灿烂的中华文明。

中华文化曾是东方文化的摇篮，也是推动整个世界始终发展的动力。早在500年前，中华文化催生了欧洲文艺复兴运动和地理大发现。在200年前，中华文化推动了欧洲启蒙运动和现代思想。中国四大发明先后传到西方，对于促进西方工业社会形成和发展曾起到了重要作用。中国文化最具博大性和包容性，所以世界各国都已经掀起中国文化热。

中华文化的力量，已经深深熔铸到我们的生命力、创造力和凝聚力中，是我们民族的基因。中华民族的精神，也已深深根植于绵延数千年的优秀文化传统之中，是我们的精神家园。但是，当我们为中华文化而自豪时，也要正视其在近代衰微的历史。相对于5000年的灿烂文化来说，这仅仅是短暂的低潮，是喷薄前的力量积聚。

中国文化博大精深，是中华各族人民5000多年来创造、传承下来的物质文明和精神文明的总和，其内容包罗万象，浩若星汉，具有很强的文化纵深感，蕴含丰富的宝藏。传承和弘扬优秀民族文化传统，保护民族文化遗产，已经受到社会各界重视。这不但对中华民族复兴大业具有深远意义，而且对人类文化多样性保护也有重要贡献。

特别是我国经过伟大的改革开放，已经开始崛起与复兴。但文化是立国之根，大国崛起最终体现在文化的繁荣发展上。特别是当今我国走大国和平崛起之路的过程，必然也是我国文化实现伟大复兴的过程。随着中国文化的软实力增强，能够有力加快我们融入世界的步伐，推动我们为人类进步做出更大贡献。

为此，在有关部门和专家指导下，我们搜集、整理了大量古今资料和最新研究成果，特别编撰了本套图书。主要包括传统建筑艺术、千秋圣殿奇观、历来古景风采、古老历史遗产、昔日瑰宝工艺、绝美自然风景、丰富民俗文化、美好生活品质、国粹书画魅力、浩瀚经典宝库等，充分显示了中华民族厚重的文化底蕴和强大的民族凝聚力，具有极强的系统性、广博性和规模性。

本套图书全景展现，包罗万象；故事讲述，语言通俗；图文并茂，形象直观；古风古雅，格调温馨，具有很强的可读性、欣赏性和知识性，能够让广大读者全面触摸和感受中国文化的内涵与魅力，增强民族自尊心和文化自豪感，并能很好地继承和弘扬中国文化，创造未来中国特色的先进民族文化，引领中华民族走向伟大复兴，在未来世界的舞台上，在中华复兴的绚丽之梦里，展现出龙飞凤舞的独特魅力。

最高学府——北京国子监

成贤之路——南京国子监

天下书声——历代学宫

北京国子监

从元代元成宗继位开始，北京开始设立大都庙学和国子监。北京国子监始建于元代大德十年间，也就是1302年左右，是当时我国官方的最高学府，也是元、明、清三代国家管理教育的最高行政机关。

北京国子监坐落在北京东城区安定门内国子监街，街两侧槐荫夹道，大街东西两端和国子监大门两侧牌楼彩绘，是北京仅存的建有四座牌坊的古建街。国子监整体建筑坐北朝南，中轴线上分布着集贤门、太学门、琉璃牌坊、辟雍、彝伦堂、敬一亭。东西两侧有四厅六堂，构成传统的对称格局，是我国现存的古代中央公办大学建筑。

元代创建北京孔庙和国子监

1222年，元太宗窝阔台的重臣王檝向窝阔台建议，待灭金计划取得胜利后，就把金国都城中都城南的枢密院旧址改建成孔庙，以便春、秋两季能有地方进行释奠礼。元太宗同意了王檝的建议。

1234年，元军攻灭金国，王檝又向元太宗窝阔台提出这一想法，

刘秉忠画像

并同时建议在建孔庙时设立国子学，这一次又获元太宗准许。

1266年，元世祖忽必烈登基，立刻命令开始兴建元代新都，建都地点就选在金国中都故地，并命大臣刘秉忠负责新都的整体规划。

当时的燕京之地刚刚

从战火中平定下来，刘秉忠可以说是元大都的主要设计者。从那时起，北京的孔庙和国子监就有了确切的规划位置。

刘秉忠规划好的大都，由于种种原因，在忽必烈一朝没有动工修建，而大都的孔庙和国子监也是在30多年后元成宗铁穆尔继位时才开始兴建的。

■ 元太宗窝阔台画像

1299年，元成宗的左丞相哈喇哈斯奏请元成宗筹建大都孔庙，庙内设学馆，选拔名儒做教员，让近臣子弟入学，这就是元代的"庙学"。元成宗同意了这一奏请。经过3年筹备，1302年6月，在哈喇哈斯的直接督促和指挥下，修建孔庙的工程在北京正式动工。

在建设孔庙的工程中，有一位汉族官员在其中发挥了至关重要的组织管理作用，他就是贾驯。修建孔庙时贾驯位任工部奉正大夫，他"入理曹务，出营庙事"，不管风吹雨打还是烈日寒风，他始终坚守在孔庙工程现场，亲自组织指挥，具体到涂墙墁地、砍削梁材，他都亲自谋划、指点。1306年8月，京师孔庙终于在忽必烈时期刘秉忠规划的位置上建成。

在修建京师孔庙的同时，御史中丞何玮对元成宗提议，希望按照"左庙右学"的传统规制，在孔庙的西边营建国子监。元成宗欣然同意。

枢密院 我国古代中央机构。唐、五代、宋、辽、元等朝代均设，长官称枢密使，主要掌管军政，凡侍卫诸班直、内外禁兵招募、阅试、迁补、屯戍、赏罚之事皆掌。元代枢密院主要掌管军事机密、边防及宫廷禁卫等事务；战争时设行枢密院，掌管一方军政。明清废。

■ 元成宗雕像

传统的学府

1306年正月，京师孔庙竣工前7个月，营建国子监的浩大工程也正式开工。到元武宗海山继位时的1308年，北京国子监终于建成。

元王朝从1266年刘秉忠设定北京孔庙和国子监位置到最后的完全建成，历经元世祖、元成宗、元武宗三朝42年的时间。

元代北京孔庙的建筑形制是参照当时山东曲阜孔庙而建成的，后经历代多次重修，成为元、明、清三代京城祭孔之所在，但整体建筑仍保留了元代的风格。

北京孔庙由三进院落组成，以大成殿为中心，"大成"取"孔子之谓集大成"之意。中轴线由南向北依次为先师门、大成门、大成殿、崇圣门和崇圣祠，大成殿为主体建筑，建筑规模仅次于山东曲阜的孔庙。

先师门又称棂星门，是孔庙的大门，面阔3间，进深7檩，单檐歇山顶式建筑结构，先师门两侧连接庙宇的外围墙，犹如一座城门。

先师门之后便是大成门。大成门后来在清代重修为面阔5间，进深9檩，单檐歇山顶。整座建筑坐落在高大的砖石台基上，中间的御路石上浮雕有海水龙纹的图样，其中的五龙戏珠栩栩如生。

歇山顶 即歇山式屋顶，宋朝称九脊殿、曹殿或厦两头造，清代改今称，又名九脊顶，为我国古建筑屋顶样式之一，在规格上仅次于庑殿顶。歇山顶共有9条屋脊，即1条正脊、4条垂脊和4条戗脊，因此又称九脊顶。

大成门前廊两侧摆放着10枚石鼓，每枚石鼓的鼓面上都篆刻一首上古游猎诗，是仿周宣王时的石鼓遗物而刻制的。

孔庙的第一进院落是皇帝祭拜孔子之前筹备各项事宜的场所，东侧设有宰牲亭、井亭和神厨，用于准备祭孔时所需三牲的宰杀、清洗和烹制。两侧有神库、致斋，用来存放祭孔的礼器和供品的备制。

在第一进院落的御路两侧立有198座高大的进士题名碑。其中元代所刻3通，明代所刻77通，清代所刻118通，记载了元、明、清三朝各科进士的姓名、籍贯和名次，共计51624人。

孔庙的第二进院落是孔庙的中心院落，每逢祭孔大典，这里便钟鼓齐鸣，乐舞升平。大成殿是第二进院落的主体建筑，也是整座孔庙的中心建筑，是孔庙内最神圣的殿堂。

礼器 我国古代贵族在举行祭祀、宴飨、征伐及丧葬等礼仪活动中所使用的器物。是用来表明使用者的身份、等级与权力。礼器是在原始社会晚期随着氏族贵族的出现而产生的。商周时期，礼器成为"礼治"的象征，用以调节王权内部的秩序，从而维护社会稳定。

■北京孔庙先师门

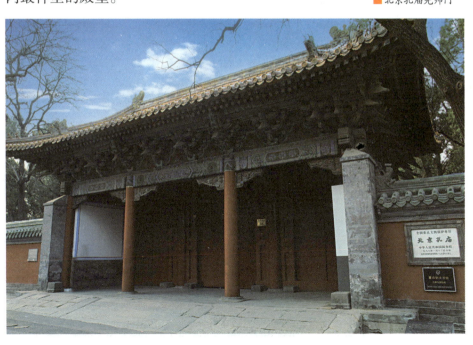

家庙 也叫祖庙，即家族为祖先立的庙。庙中供奉神位等，依时祭祀。古时有官爵者才能建家庙，作为祭祀祖先的场所。上古叫宗庙，唐代始创私庙，宋时改为家庙。相比之下，祠堂是供设祖先的神主牌位、举行祭祖活动的场所，又是从事家族宣传、执行族规家法、议事宴饮的地方。

大成殿殿内全部采用金砖铺地，是我国封建社会中最高等级的建筑，堪与后来的故宫太和殿相媲美。殿内正中设有"大成至圣文宣王"孔子牌位，以及一套清代的乐器和祭器，包括编钟、编磬、琴、瑟、笾豆、登和爵等。

孔子牌位两边设有配享牌位，复圣颜回、述圣孔伋、宗圣曾参、亚圣孟轲被称为"四配"。

殿内东边分列的儒学名人有闵损、冉雍、端木赐、仲由、卜商和有若，西边分立的儒学名人有冉耕、宰予、冉求、言偃、颛孙师和朱熹12人的牌位，这12人被称为儒学中的"十二哲"。

大殿内外悬有清康熙至清宣统之间的9位皇帝御匾，均是皇帝亲书的对孔子的四字赞语，十分珍贵。

孔庙的第三进院落最具特色，由崇圣门、崇圣殿和东西配殿组成独立完整的院落，与前二进院落分割

■北京孔庙大成殿

北京孔庙大成殿
殿内

明显却又过渡自然，反映出古人在建筑布局上的巧妙构思。这组建筑称为崇圣祠，是祭祀孔子五代先祖的家庙，后来重修时将灰瓦顶改为绿琉璃瓦顶。

崇圣殿又称五代祠，面阔5间，进深7檩，殿前建有宽大的月台，月台三面建有垂带踏步各10级。殿内供奉孔子五代先人的牌位以及配享的颜回、孔伋、曾参和孟轲4位先哲之父的牌位。

东西配殿坐落在砖石台基上，面阔3间，进深5檩，为单檐悬山式顶，内奉程颐、程颢、张载、蔡沈、周敦颐和朱熹6位先儒之父的牌位。

三进院落及其建筑具有明确的建筑等级差别和功能区域划分，和谐统一地组成了一整套皇家祭祀性建筑群落，是我国古代建筑的杰出代表。

元代北京国子监坐落在北京东城区安定门内国子监街15号，与孔庙相邻。经过元代以后的建设，成为

牌位 又称灵牌、灵位、神主、神位等，是指书写逝者姓名、称谓或书写神仙、佛道、祖师、帝王的名号、封号、庙号等内容，以供人们祭奠的木牌。牌位大小形制无定例，一般用木板制作，呈长方形，下设底座，便于立于桌案之上。古往今来，民间广泛使用牌位，用于祭奠已故亲人和神祇、佛道、祖师等活动。

■ 北京国子监集贤门

攒尖顶 就是攒尖式屋顶，它是我国古代建筑的一种屋顶样式。其特点是屋顶为锥形，没有正脊，顶部集中于一点，即宝。按形状可分为角式攒尖和圆形攒尖，其中角式攒尖顶有同其角数相同的垂脊，有四角、六角、八角等式样。圆形攒尖则没有垂脊，尖顶由竹节瓦逐渐收小。

元、明、清三代国家最高学府及教育行政管理机构。是我国现存唯一的古代中央公办大学建筑。

国子监整体建筑坐北朝南，中轴线上分布着集贤门、太学门、琉璃牌坊、辟雍及两侧的六堂、彝伦堂、敬一亭，构成传统的对称格局。

集贤门是国子监的大门，门内院子东西设有井亭，东侧的持敬门与孔庙相通。

太学门是国子监的第二门，进入后就是国子监的第二进院落。里面有琉璃牌坊，辟雍和彝伦堂。

琉璃牌坊是3间四柱七楼庑殿顶式琉璃牌坊，建于清乾隆时期的1783年。横额正反两面均为皇帝御题，正面额书"圜桥教泽"，阴面为"学海节观"，彩画华美，是我国古代崇文重教的象征，也是北京唯一不属于寺院的琉璃牌坊，是专门为教育而设立的。

辟雍建于清1784年，是国子监的中心建筑。建于中轴线中心一座圆形水池中央的四方高台上，是一座重檐攒尖顶殿宇。四面开门，设台阶6级。

辟雍周围环绕着长廊，四面架设精致的小桥横跨水池，使殿宇与院落相通，这种建筑形制象征着"天圆地方"。清代乾隆皇帝之后，每逢新帝即位，都要来此做一次讲学，以示中央政府对高等教育的重视。

六堂是位于辟雍左右两侧的33间房，合称为六堂，分别为：率性堂、诚心堂、崇志堂、修道堂、正义堂、广业堂，是国子监学生贡生和监生的教室。

彝伦堂位于辟雍以北，元代名为崇文阁，明代永乐年间予以重建并改名为彝伦堂。早年曾是皇帝讲学之处，兴建辟雍之后，则改为监内的藏书处。

敬一亭位于彝伦堂之后，是国子监的第三进院落。建于明嘉靖年间的1528年，设有祭酒厢房和司业厢房和7座御制圣谕碑，是国子监祭酒办公的场所。

国子监祭酒 为宋朝中央政府官职之一，宋神宗元丰改制后始创，为国子监最高负责人，地位等同于国立大学校长，多由宰相兼领。主掌国子、太学、武学、律学、小学的政令，以及课试、升黜、教导之事，同时也负责替学官打考绩。明、清时为中央政府官职之一，但品等仅为从四品。其上为监事大臣，辖下有监丞等辅佐官职。清朝灭亡后，该官职废除。

■ 北京国子监辟雍

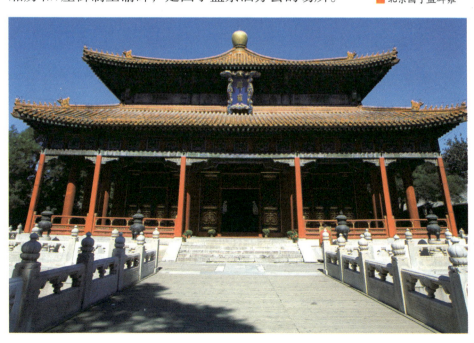

北京孔庙大成殿殿内

传统的学府

　　值得一提的是，在国子监与孔庙的夹道内，还珍藏有190通"十三经"刻石碑，这些石经内容包括13部儒家经典，即《周易》《尚书》《诗经》《周礼》《仪礼》《礼记》《春秋左传》《春秋公羊传》《春秋谷梁传》《论语》《孝经》《孟子》《尔雅》，计63万多字，为我国仅存的一部最完整的"十三经"刻石。这些石刻经书刻于清代乾隆年间，故又有"乾隆石经"之称。

阅读链接

　　北京孔庙大成殿前有一株"复苏槐"，高约15米，由两棵主干组成，周长分别为2.6米和2.5米，似一对孪生兄弟并肩而立，向人们展示着独特的风采。据记载，这颗槐树种植于元代，是元代第一任祭酒许衡所种植，但是人们为什么叫它"复苏槐"呢？

　　相传在明末的时候，这棵槐树就已经枯死了，但是到清乾隆年间，枝干上又忽然萌发出了许多新芽，最终枯而复荣。国子监的师生们发现后，纷纷称奇并相互传颂，当时正值乾隆生母慈宁太后的六十寿辰，人们就认为这是一种吉祥的征兆，所以命名为复苏槐。

元代北京中央官学的就学

元代北京中央官学是指元代执政者为官员子弟创办的学校，集中在国子监。当时创办的学校有蒙古国子学、汉文国子监学和回族国子监学，这些学校为元王朝培养了大批人才。

蒙古国子学开始于1271年正月，元世祖忽必烈下诏立京师蒙古国子学，教习诸生，在随朝的蒙古、汉人及怯薛军官员中选子弟俊秀者入学。待生员习见成效，出题试问，观其所对精通者，量授官职。

元成宗时，开始增生员的膳食津贴，元武宗时，又定伴读员40人，以在籍生员学问优长者补之。

元代拜师蜡像

■ 忽必烈画像

色目人 即外国人，是元时对我国西部民族的统称，也是元人民的四种位阶之一，一切非蒙古、汉人、南人的都算是色目人。包括粟特人、吐蕃人等。传统的说法认为，在元代的社会阶层之中，色目人的地位在蒙古人之下，汉人和南人之上。元王朝重用色目人，入居中原的色目人，多高官大贾。

元代还在今内蒙古自治区锡林郭勒盟正蓝旗境内的上都设立了蒙古国子分学。其授课时间与皇帝巡幸上都的时间基本一致，其余时间都在大都上课。

从总体上说，元代的蒙古国子学呈现了发展的态势，生员的数量最高曾达400多人。生员当中，庶民子弟也占一定的比例。同时，蒙古国子学中配有博士、助教、教授、学正、学录、典给、典书等师儒之职，各员不等。

1277年，元政府设立蒙古国子监，置司业1员。1292年，准汉人国学例，置祭酒、司业、监丞。以后又增设令史1人，必阇赤1人，知印1人。

国子学或国子监，都是我国古代封建社会的教育管理机关和最高学府，都具备了两种功能：一是国家管理机关的功能，二是国家最高学府的功能。所不同的是，"国子学"是传授知识，指向教育和最高学府的功能；"国子监"是督查监管，指向国家教育管理的功能。

元代蒙古国子监既是管理机构，也是教学机构，它和蒙古国子学一道为元政府培养了众多的蒙古族人才。汉文国子监学是元政府于1269年设立的。应该说，这所学校是蒙古执政者实施汉法的产物。

1270年，元政府命蒙古人、汉人、色目人、南人的子弟11人入学，以长者4人从许衡，童子7人从王恂。1287年立国子学，而定其制。

国子监学所配置的师儒之职与蒙古国子学大同小异。讲授的主要内容是先学《孝经》《小学》《论语》《孟子》《大学》《中庸》，接下来学《诗》《书》《礼记》《周礼》《春秋》《易》。

元世祖时期定国子学生员之数为200人，先令100人及伴读20人入学。其百人之内，蒙古族人半之，色目、汉人半之。1311年7月，定生员额300人。在300人当中，蒙古族生员所占的比重也是比较大的。

至元初年还设置了隶属于集贤院的汉文国子监，选七品以上朝官子孙为国子监生员，随朝三品以上官员可以举荐俊秀的平民子弟入学，成为陪堂生伴读。因此，汉文国子监是蒙古族生员学习汉族文化的一个主要场所。

当时，著名理学家许衡被延请到国子学执教，成

南人 元世祖忽必烈统一全国后，把全国人民按照被征服的顺序划分为四等人，依次为蒙古人、色目人、汉人和南人。南人指原南宋统治下的汉人以及当地各土著民族人民，一般是指淮河以南的原南宋境内的人民。由于被征服的时间最晚，他们的地位最低，最受压迫和歧视。

■ 元代考生蜡像

尚书省 官僚机构。南朝宋时得名，前身为"尚书台"。由汉代皇帝的秘书机关尚书发展而来。是魏晋至宋的中央最高政令机构，为中央政府最高权力机构之一。辽、金有尚书省，与宋制相同。元代尚书省时置时废。

为元代第一任国子祭酒。其后还有虞集、欧阳玄、苏天爵、张翥等。

国子监宣扬程朱理学，用儒家义理派的主张培养人才，这些人学成后逐步进入元政府各级机构，自然会对当时的政策发生重大影响。

回族国子监学设置于1289年。这年4月，尚书省的臣员进言说：

> 亦思替非文字宜施于用。今翰林院益福的哈鲁丁能通其字学。乞授以学士之职，凡公卿大夫与夫富民之子，皆依汉人入学之制，日肆习之。

翰林院的哈鲁丁是回回学者，是熟悉亦思替非文字的人。亦思替非文字是古代伊朗人所创造的一种特有的文字符号系统及计算方法，用以书写国王及政府有关财务税收、清算单据、税务文书等。阿拉伯哈利发帝国兴起后继续用这种文字以管理和书写有关财务税收事项，是一种具有保密性又便于统计数目的文字。

亦思替非文字不是一般的波斯文或阿拉伯文，而是一种专门学问，其中有较为精密的数学统计方法。翰林院益福的哈鲁丁掌握了这种学问，也可算是"绝

■ 许衡画像

■元仁宗（1285～1320），孛儿只斤·爱育黎拔力八达，元朝第四位皇帝，蒙古帝国可汗，是元武宗之弟，元武宗封他为皇太弟，相约兄终弟及，叔侄相传。于武宗死时嗣位，年号皇庆和延祐。在位期间，减裁冗员，整顿朝政，推行"以儒治国"政策。

学"了。朝廷采纳了尚书省的这个意见，在1289年8月设置了回族国子学。元仁宗执政时，朝廷又设置回回国子监。回回国子监管辖回回国子学。

在回族国子学中，教师们用正规的办法训练通晓亦思替非文、波斯文和阿拉伯文的翻译人才。元政府让相当一部分蒙古族儿童在回回国子学就读，目的是培养诸官衙口的翻译人才。

元代建立回回国子学是一所外国语学校，它是蒙古族教育史，乃至我国教育史上最早建立的一所外国语学校。我国至今使用的阿拉伯数字，就是元代时期来华穆斯林带来的。

阅读链接

元大都有一条国子监街，位于现在的北京安定门内大街路东，是元世祖忽必烈于1286年修建的。街道中段的两座牌坊题名为"国子监"，实为太学标志。元世祖忽必烈在1274年进驻大都以前，太学设在大都城西南方的金中都城枢密院旧址，首任祭酒是学者许衡。

有趣的是，元代太学的放学时间，居然以日影转到后院为准。崇文阁前有一株古槐，相传是元代首任祭酒许衡手植，史载"国学古槐一株，元臣许衡所植"，枯萎多年以后，曾于1751年发芽重生。

明代北京国子监及其管理

　　明代北京国子监，是在1420年明成祖朱棣从南京迁都北京后改定的元大都国子监，于是明代国学有南北两监之分。南京国子监被称为"南监"或"南雍"，北京国子监则称为"北监"或"北雍"。

　　北京国子监还曾吸收了明代中都国子学的生员。1375年，明朝廷

北京国子监

于凤阳设置中都国子学，当时与南京国子监、北京国子监并存，但当时中都国子学选收的学生，均为南京国子学考试优选之后的生员。至明成祖迁都北京后，朝廷罢中都国子监，将其师生并入北京国子监。

明代北京国子监的教职设有祭酒、司业及监丞、博士、助教、学正等，由学行卓异的名儒充当。学生称为监生或太学生。

明代国子监学生的来源大致有贡监、举监、荫监和例监的区别。贡监是由地方府、州、县儒学按计划选送在学生员贡国子监的学生；举监是会试落第举人直接入监的读书者；荫监是以荫袭而入监的国子监学生；例监是捐资财入监读书者。

按出身看，北京国子监学生又有民生和官生之分。民生是国子监出身庶民的学生，而官生是国子监学生中以恩荫入监的品官子弟。总之，进入国子监由于资格、来源的不同，虽然都是国子监学生，称谓却很不相同。

明代北京国子监学生到1393年增加到8000多名，到1422年已增加到9900多名，可谓盛极一时。明朱武

学正　为古代文官官职名。宋国子监置学正与学录，掌执行学规，考校训导。元代除国子监外，礼部及行省、宣卫司任命的路、州、县学官亦称学正。清州学官亦称学正。学正为基层官员编制之一，配置于国子监，而从事业务则相当于官学中的老师或行政人员。清朝灭亡后，该官废除。

宗以后学生只剩千余人。至明景泰、弘治之际，学生"奸惰"，教师"失职"，课业乃废。

明景泰以后，出现了用钱买国子监入学资格的"例监"现象，与明初太学相比，已是有名无实。因此，明代政府规定，必须入国学者才可当官，不入者不能得，参加科举考试的必须由学校出身，即所谓科举必由学校，而学校起家不必由科举。

在我国封建社会，为了培养"文武之才"，使国子监学生"能出入将相，安定社稷"，历代都规定"五经"或"四书"作为国子监的主要教材。明代也不例外。

明代北京国子监具体对学生课以名体达用之学，以孝悌礼义忠信廉耻为之本，课程以《易》《诗》《书》《春秋》《礼记》等经典为专业教材，人习一经；以《大学》《中庸》《论语》《孟子》为普通基础课。此外，还涉及刘向《说苑》及《御制大诰》《大明律令》等时政文献。生员还要学习书法。

朝廷对国子监的管理都很严格，颁行了各种管理制度，包括考试

国子监学生雕塑

■考场巡检图

升降制度、历练政事制度和放假制度等。国子监监生不仅可以在监内寄宿，而且发给灯火，供给膳食，享有免役的权利。

明代洪武和永乐年间，北京国子监还接受邻邦高丽、日本、暹罗等国的留学生。

明代国子监教育管理机构及其管理，在培养文武官吏、造就各种专门人才、繁荣我国古代学术文化、纳育各国留学生、促进中外文化交流乃至传承中华民族悠久历史文化等方面，都起到了积极的作用。

阅读链接

明王朝的第一位皇帝是朱元璋，是一位注重教育的皇帝。他办了许多学校，不仅有中央级别的国子监以及地方的府、州、县学，甚至还诏令设立社学，也就是乡村小学。

朱元璋还注重教育自己的孩子，帮助孩子选择一些内容健康、情调高雅的课外读物，以保证孩子接受正面教育。此外，他还经常为太子朱标进行艰苦创业和勤俭守成的教育，让他接触实际，带他到农民家中，详细观察农民的衣食住行，了解百姓的生活、生产情况，以达到"察民情好恶以知风俗美恶"的教育目的。

清代北京国子监及其管理

传统的学府

　　清代初年，修整明北京国子监为太学，裁掉南京国子监，改为江宁府学。清代北京国子监是全国最高学府。

　　清代北京国子监设祭酒满族、汉族各1人，司业满族、蒙古族、汉

清代国子监监生领米图

■ 清代监生考试图

族各1人，职在总理监务、执掌教令。博士满族、汉族各1人，助教满族16人、蒙古族8人、汉族6人，学正汉族4人，学录汉族2人，职在教诲。典簿满族、汉族各1人，掌文牍事务。

国子监的生徒，来源很多，共分为两大类。一为贡生，一为监生。贡生有岁贡、恩贡、拔贡、优贡、副贡、例贡这"六贡"，监生有恩监、荫监、优监、例监这"四监"。

岁贡，有地方贡于国家之意。府、州、县学按照规定的时限与数额，将屡经科考、食廪年深的生员，依次升贡到国子监。

1645年，清政府命中央直属各省起送贡生，府学每年1人，州学3年2人，县学2年1人。各地贡生到京后，要进行廷试。时间是每年五月十五日，后改为四月十五日。如有滥充者，即发回原学。一省发现5名

食廪 明清两代食公家膳食的生员。又称廪膳生。明初生员有定额，后名额增多，因谓初设食廪者为廪膳生员，省称"廪生"，增多者谓之"增生"。又于额外增取，附于诸生之末，谓之"附生"。后凡初入学者皆谓之附生，其岁、科两试等第高者可补为增生、廪生。廪生中食廪年深者可充岁贡。清制略同。

■ 清代国子监监生
考试蜡像

传统的学府

顺天府 明清两
代北京地区称为
顺天府，顺天府
的辖区在清初多
有变化，1743年
开始固定，共领
5州19县。19县
即通、蓟、涿、
霸、昌平五州和
大兴、宛平、良
乡、房山、东安、
固安、永清、保
定、大城、文安、
武清、香河、宝
坻、宁河、三河、
平谷、顺义、密
云、怀柔，又混
称为顺天府24
州县。

以上，学政要被罚俸。

恩贡，是岁贡在特殊情况下的改称。清沿明制，每当赶上国家有庆典或皇帝登基，便颁布恩，以当年的岁贡生充恩贡。

拔贡是常贡之外所行的选贡之法。各地儒学生员，经过考选，凡学行兼优、年富力强、累试优等者，得以充拔贡。

清顺治时的1644年，首举选贡。顺天府特贡6人，每府学贡2人，州、县学各贡1人。当时为6年考选一次，乾隆时改为12年一次。

副贡，各省乡试除录取正卷外，另取若干名为副榜。大凡中副榜者，可以作为贡监，入国子监肄业，称副贡。

优贡，类同拔贡，每3年考选一次，举送的次数比拔贡多。

读书士子除了参加科举考试者外，由此而入仕途的，亦谓之正途。五贡就任官职，按科分名次和年分先后，恩、拔、优、副贡多以教谕选用，岁贡多以训导选用。但在具体实行中，常有变动。

在五贡之外，还有例贡。凡是儒学中的廪生、增生、附生，按政府规定报捐为贡生的，称为例贡。这是当时由捐纳入官的必由之路，由于是出资捐买而得，很为一般人所蔑视。

例贡或在监肄业，或在籍，均可称为国子监监生。乾隆年间议准，例贡如果志在由正途入仕，准其辞掉例贡头衔，以原来的身份参加科举考试。

在贡生之外，还有监生，包括恩监、荫监、优监和例监。

恩监，清乾隆年间开始实行，主要是选拔和照顾一些资历、身份较特殊的士子，恩准入监肄业。清乾隆时的1737年，准八旗汉文官学生应讲求经史，每3年奏请钦点大臣考试，优者拔作监生，与汉贡监等一体肄业。

1786年规定，凡陪祀孔庙的圣贤后裔，本人是武生俊秀及无功名顶戴的俊秀，均恩准做监生。另外，八旗算学生、汉算学生、钦天监天文生均准考恩监。

荫监，又分恩荫和难荫两种。恩荫是按内外文武官员品级，荫子入监。

■清代学生行礼图

1645年，定文官中京官四品、外官三品以上、武官二品以上，可送一子入监。从1713年开始，宗室亦给荫入监。1646年，定满、汉三品以上官员，3年任满，勤于国事而死者，可荫一子入监。

清雍正以后，特别体恤军功死难者。凡八旗武职立功身故，无论功绩大小，是官员的，给七品监生1人，是护军校、骁骑校的，给八品监生1人，均于子弟内补充。

1739年规定，八旗武职立功病故，所给的监生，按立功等第定监生品级。一二等军功，给该员子弟监生1人，食七品官俸；三四等军功，给该员子弟监生1人，食八品官俸；五等军功，给该员子弟监生1人，照捐纳监生例，准其应乡会试。

优监，与优贡雷同，唯入监条件略有降低。1733年规定，在地方儒学为附生及武生的，可以选为优监生。

例监，与例贡雷同，但条件更放宽。凡未取得生员资格的读书士子，即俊秀，可以通过捐纳而取得监生资格，称例监。

贡监生入太学后，依次到六堂研习。六堂分为3级：正义、崇志、

■ 清代国子监教学蜡像

广业堂为初级，修道、诚心堂为中级，率性堂为高级，根据学习成绩递升。

■ 清代国子监教学场景复原

国子监的监生，又分为内、外两班。内班是住在监内的，有膏火之资。外班则散居监外各地，无膏火。外班补内班，要经过考试。内班贡监生的告假等事项，都要按严格的规定办理。

清初，内班共有监生150名，每堂25名；外班120名，每堂20名。清乾隆初年，改内班每堂为30名，这样内、外班共300名，既而又裁减外班120名，拨年班24名为外班生。

国子监授课和考试的办法是：每月初一、十五日师生向孔子行祭奠礼毕，听助教或学正、学录讲解经书，然后覆讲、上书、覆背，每月3回，周而复始。

骁骑校 清王朝最初的政权后金，于1634年称定固山额真即都统行营马兵为阿礼哈超哈，后改称骁骑营。官员有佐领，下设骁骑校，每佐领一人，正六品。骁骑营是受各旗都统直接统率的部队，佐领与骁骑校为直接受都统与副都统、参领管辖的军官。

所习内容为"四书""五经"等，还有兼学习"三经"和"二十一史"的。每人每日要摹名帖数百字，并立日课册，按期交助教等查验。

每月十五日，祭酒、司业轮换考课四书文1篇，诗1首，称大课。一般是司业月考，祭酒季考。另外，每月初一，在博士厅课经文、经解和策论。每月初三及十八日，助教、学正和学录还要分别主持考课，试四书文、经文和诗策等。

监生坐监的期限，始初各种贡监生并不一样。恩贡、由廪生出身的副贡，时间最短，为6个月。其他有8个月、14个月、24个月的。例监最长，为36个月。1727年规定，各监生肄业，均以3年为期。修业期满后，可应吏部铨选，以教谕、训导等选用。

清代还给国子监学生制定了严格的学规。顺治初年颁布国子监学规18条，康熙年间又以"圣谕"的方式颁布《圣谕十六条》。雍正时期又将《圣谕十六条》修订为《圣谕广训》，用以约束学生，并规定每月初一、十五必须将国子监学生集中在一起，由教官宣读。

雍正时期的16条国子监学规基本内容是：

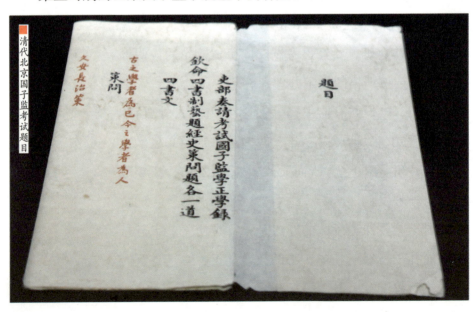

清代北京国子监考试题目

敦孝悌以重人伦；笃宗族以昭雍睦；和乡党以息争讼；重农桑以足衣食；尚节俭以惜财用；隆学校以端士习；黜异端以崇正学；讲法律以儆愚顽；明礼让以厚风俗；务正本以定民心；训子弟以禁非为；息诬告以全善良；戒逃匿以免株连；完钱粮以省催科；联保甲以弭盗贼；解仇忿以重生命。

这些内容在当时的条件下是以特定的封建礼教、法制纲常为内涵的。这个学规具有一般学规的共同特点，如道德人伦、勤劳节俭、和睦友爱、端正风气、遵纪守法等。

阅读链接

清代诸帝对国子监非常重视。清顺治帝是清入关后的第一位皇帝，他于1652年亲自视察国子监，以后历代相沿，称为"临雍讲学"。清康熙皇帝、雍正皇帝、乾隆皇帝都很关注国子监的教育，乾隆皇帝于1785年亲临辟雍时，举行了隆重盛大的讲学典礼，其临雍之仪、讲学之礼又历代相沿，成为定制。

不仅如此，清代皇帝还为国子监开列教条教规，如康熙皇帝为官学做《御制学校论》、雍正皇帝修正《圣谕广训》等。

北京新式官学京师大学堂

　　1895年8月，康有为、梁启超等一批清代改革家在"戊戌变法"时期，在北京组织"强学会"，讨论学术，批评时政，宣传介绍西方资产阶级的社会政治学说和近代科学知识，鼓励人们学习西方，以学以致用的原则来培养人才，最终达到民族自强的目的。

康有为像

　　"强学会"成员购置图书，收藏报刊，供群众阅览，并经常开会讲演。由于他们的宣传越来越深入人心，1896年6月，刑部左侍郎李端棻在给清政府的《请推广学校折》中，第一次正式提议设立"京师大学"。

　　随着变法维新运动日益发展，康有为在《应诏统筹全局折》一文中再次提出：

　　自京师立大学，各省
立高等中学，各府县立中
小学及专门学。

　　在康有为、梁启超的推动
下，1898年初，清光绪帝命大
臣孙家鼐为京师大学堂第一任
管学大臣。孙家鼐在《奏筹办
京师大学堂大概情形折》中，
陈列了筹办京师大学堂的主要内容：

■ 梁启超像

　　一、为举人、进士出身之京官设立仕
学院，以习西学专门为主。

　　二、大学堂应为毕业生代筹出路，其
已授职者，由管学大臣出具考语，各就所长
请旨优奖；其未仕者，亦由管学大臣严核其
品学，请旨录用。

　　三、精简学科门类，如经学、理学可
合并为一门，兵学宜另设武备学堂。

　　四、编译局主要应编译西学各书，旧
有经书仍应以"列圣所钦定者为定本"，即
使非钦定本，也不得增减一字，以示尊经
之意。

　　五、总教习可设2人，分管中学和西

孙家鼐（1827—
1909），字燮
臣，号蛰生、容
卿、澹静老人，
安徽寿州人。清
咸丰时状元，与
翁同龢同为光绪
帝师。累迁内阁
学士，历任工部
侍郎，署工部、
礼部、户部、吏
部、刑部尚书。
1898年7月3日以吏
部尚书、协办大学
士受命为京师大学
堂首任管理学务大
臣，1900年后任文
渊阁大学士、学务
大臣等。卒后谥曰
"文正"。

诏 皇帝布告天下臣民的文书。在周代，君臣上下都可以用诏字。秦王政统一六国，建立君主制的国家后，号称皇帝，并改命为制，令为诏，从此诏书便成为皇帝布告臣民的专用文书。汉代承秦制，唐宋时期废止不用，元代又恢复使用。

学。西学教习薪水应从优。

六、应取消学生"膏火"，而改为奖赏，以激励学生努力向学。

经孙家鼐推荐，清光绪帝任命大臣许景澄为中学总教习、美国传教士丁韪良为西学总教习。

1898年6月，清光绪帝在《明定国是诏》中，要求各行省为办京师大学堂尽力。另外，他还责成梁启超起草了一份《京师大学堂章程》，这个章程是京师大学堂的第一个章程，也是我国近代高等教育最早的学制纲要。

京师大学堂校址设在地安门内马神庙和嘉公主旧第，这里原有房340多间，又新建130多间，即后来的北大二院，又在北河沿购置房舍一所，开办译学馆，

■京师大学堂

即后来的北大三院。

在经费方面，当时规定京师大学堂的办学经费为30万两，常年用费为20万两。户部指定从华俄道胜银行中国政府存款500万两的利息中支付，不敷之数，由户部补足。

京师大学堂刚刚起步，却在两年后的1900年外敌入侵北京时遭到破坏，校舍被占，图书设备被毁，大学堂难以维持，于8月3日被下令停办。

京师大学堂于1902年12月17日恢复，藏书楼也于同年重设，派吏部尚书张百熙为管学大臣，吴汝纶和辜鸿铭任正副总教习，严复和林纾分任大学堂译书局总办和副总办，各个方面开始步入正轨。

恢复后的京师大学堂先设速成、预备两科。速成科分仕学、师范两馆，学制3至4年，毕业后可任初级官吏或学堂教习。

当年9月13日正式举行速成科招生考试，10月26日又第二次招考，两次共录取182名，于11月18日开学。

预备科分政科及艺科。政科包括经史、政治、法律、通商、理财；艺科包括声、光、化、农、工、

■ 清代《京师大学堂章程》

尚书 古代政府高官。隋以后尚书为"六部"长官，是古代中央政府部级长官。尚书在隋、唐正三品，在明正二品。清代官制，六部主官称尚书，比如刑部尚书就是现如今的司法部、公安部、最高法院、最高检察院的首脑。尚书令，始于秦，西汉沿置，本为少府的属官，掌文书及群臣章奏。尚书令在明代废止。

医、算学。

预科学制三年，毕业后可升入大学专门分科，并给予举人出身资格。

此时，北京的同文馆也并入京师大学堂。

同文馆是清政府于1862年在总理衙门设立的。同文馆是我国近代第一所新式高等官办学校，后来并入了京师大学堂，是京师大学堂最早的组成部分。

经过一段时间的筹备，京师大学堂正式举行了招生考试。为做好招生工作，京师大学堂向全国各省督抚发出了通知，要求各地给予积极配合和支持。各地方官接到通知后，先在本地选拔，择优录取，然后再送到北京参加全国统一考试。

京师大学堂这次招生的首先是速成科。考生成绩评定采用百分制，以60分为及格。这种评分办法是我国高等学校以60分为及格标准计算学生考试成绩的开始，这次考试也是京师大学堂第一次举行的较正规的招生考试。本次共录取200名学生。

1903年，清政府命"洋务派"首领张之洞会同张百熙改定学制，对京师大学堂的章程也做了修改，出台了《奏定大学堂章程》。

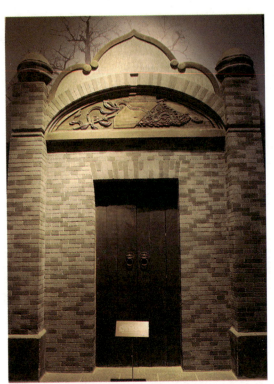
■ 京师同文馆大门

洋务派 清代领导集团内部的一个政治派别。当时一些较为开明的官员主张利用西方先进的生产技术，强兵富国，摆脱困境，维护大清的政权。洋务派的主要代表在中央是以清朝末年的恭亲王奕䜣、文祥为代表的满族官员，在地方主要是以曾国藩、李鸿章、左宗棠、张之洞为代表的汉族官员。

新章程规定：对京师大学堂专门分科，将原来的7科35门改为8科46门，主要是增设了经学科，下分《周易》《尚书》《毛诗》"春秋三传""三礼"《论语》《孟子》和理学11门课程，突出了经学的地位；大学院改名通儒院，年限规定为5年；大学堂设总监督，总管全学堂各分科事务，统率全学校人员，相当于后来的大学校长，受总理学务大臣之节制。

同年，京师大学堂增设进士馆、译学馆及医学实业馆。毕业生分别授给贡生、举人、进士头衔。同年改管学大臣为学务大臣，统辖全国学务。另设总监督，专管京师大学堂事宜，派张亨嘉为第一任总监督，京师大学堂遂成为单纯的高等学校。

1904年，京师大学堂选派首批47名学生出国留学。这是我国高校派遣留学生的开始。

1905年4月30日，京师大学堂举办了第一次运动会，校方特别强调开运动会的目的是培养青年"临事不辞难，事君不惜死"的精神。

在这次运动会上，校方还要运动员一再高呼"皇太后圣寿无疆，皇上圣寿无疆"等口号。

1906年4月，京师大学堂举办第二次运动会，100米、200米、300米、499米、600米、800米及越栏、障碍跑，还有跳高、跳远和投掷运动，以及二

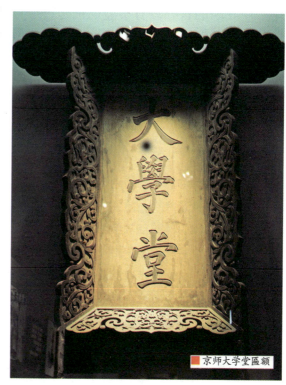

■京师大学堂匾额

人三足竞走、一脚竞走、越脊竞走、算学竞走、顶囊竞走等。

1910年，京师大学堂开办分科大学，共开办经科、法政科、文科、格致科、农科、工科、商科7科。其中经科有《诗经》《周礼》《春秋左传》；法政科有政治、法律；文科有《中国文学》《中国史学》；商科有银行保险；农科有农学；格致科有地质、化学；工科有土木、矿冶。这样，一个具有近代意义的综合性大学初具规模。

大学专门分科学制3年至4年，毕业后可升入大学院深造，并给予进士出身。

1912年，曾翻译《天演论》的严复被任命为京师大学堂总监督，接管大学堂事务。5月更名为"北京大学"，严复成为北京大学的首任校长。

京师大学堂的建立，是我国高等教育近代化的标志，其最大特色是在继承我国古代文明的基础上引进西方资本主义文明和近代科学文化。使我国的官办教育事业向前迈进了一大步，也使北京官学教育的历史地位得到了极大提升。

阅读链接

孙家鼐幼读诗书，在1859年参加殿试时，清咸丰帝命他以大清王朝的兴盛写一副对联。孙家鼐即兴书联曰："亿万年济济绳绳，顺天心，康民意，雍和其体，乾见其行，嘉气遍九州，道统继羲皇舜尧；二百载绵绵奕奕，治绩昭，熙功茂，正直在朝，隆平在野，庆云飞五色，光华照日月星辰。"

这副对联既歌颂了清朝的丰功伟业，又巧妙地把清历代皇帝的年号"顺治""康熙""雍正""乾隆""嘉庆""道光"等嵌入联中。清咸丰帝看后惊呼："绝妙！"举起朱笔点他为头名状元。

南京国子监

南京自古以来就是一座崇文重教的城市，教育繁盛，有"天下文枢"的美誉。南京官学记载较早的是宋代建成的学宫夫子庙学宫。后世历代都对这所学宫进行过维护性修建。至明南京国子监时期，南京国子监成为当时世界上最繁盛的高级学府。

明王朝建立后建立的南京国子监官学，以及清代北京国子监官学，成为这一时期南北呼应的最高学府，是科举时代士子们最重要的仕途门径。明清时期的南京国子监在我国官学发展历史上，书写了辉煌的篇章。

南京夫子庙的创建与发展

那是在宋代景祐年间的1034年，宋仁宗赵祯诏令在南京东晋学宫的基础上扩建一所新的学宫，称为夫子庙学宫。后世历代都对这所学宫进行过维护性修建。

■南京夫子庙大门

■ 南京夫子庙习礼亭

　　夫子庙位于秦淮河北岸。秦淮河是古老的南京文化渊源之地，而内秦淮河从东水头至西水关全长4.2千米的沿河两岸，从六朝起便是望族聚居之地，商贾云集，文人荟萃，儒学鼎盛，素有"六朝金粉"之誉。

　　六朝时期，夫子庙地区已相当繁华，乌衣巷、朱雀街、桃叶渡等处，都是当时高门大族所居。自六朝至明清，十里秦淮的繁华景象和特有的风貌，曾被历代文人所讴歌。

　　六朝时期南朝齐永明年间刻成的《孔子问礼图》石碑，是南京夫子庙的"镇庙之宝"之一。此碑是一块拼接的石碑。碑中间的砖雕刻着孔子由山东去洛阳拜访老子，考察西周典章、学习礼仪，寻找治国方法的画面。

　　图中是二人驾车，一组古装人物在城门前欢迎的场面，刻有"永明二年，孔子在鲁人周门礼周流"的

砖雕　我国古建雕刻艺术及青砖雕刻工艺品，由东周瓦当、汉代画像砖等发展而来。在青砖上雕出山水、花卉和人物等图案，是古建筑雕刻中很重要的一种艺术形式。主要用来装饰寺、庙、观、庵及民居的构件和墙面的发展。

字样。图中线刻的图画，线条清晰、流畅，车辆、人物、服饰栩栩如生。碑的上半部有"孔子问礼图，吴敬恒题"的题字。

现在的夫子庙建筑富有明清时期的建筑特点，它以大成殿为中心，从照壁至卫山南北成一条中轴线，左右建筑对称配列，占地广约26300平方米。四周围以高墙，配以门坊、角楼。南京夫子庙的"习礼亭"和"仰圣亭"分别摆放着"礼运钟"和"圣音鼓"。

我国建筑有一种独特的文化意象，那就是钟，排在我国古代"八音"乐器的首位。南京夫子庙的"礼运钟"钟声浑厚悠扬，与苏州寒山寺的"夜半钟声到客船"的钟声有异曲同工之妙。

"礼运钟"是为纪念孔子诞辰而特别铸造的，钟的上半部刻画的是孔子周游列国的场景，中间铸有孔子《礼运大同篇》中的铭文，下半部是麒麟吉祥如意的图案。"礼运钟"3个字是由孔子第77代嫡孙女孔德懋题写的。

古时有"晨钟暮鼓"的礼仪，南京夫子庙的"圣音鼓"也是为了纪念孔子诞辰所铸的，与"礼运钟"同为青铜铸造。青铜鼓也是春秋时期举行雅乐活动的乐器，鼓声浑厚，威震四方。

古时候，夫子庙学宫是学子和秀才研习经书的地方，是科考

■ 南京夫子庙仰圣亭

的预备场所，也是学子们学习和生活的地方。在这里
生活，必须有生活用水，"玉兔泉"便是学子们唯一
用水的地方。泉水涌现，清澈透明，水质优良。

据元代南京方志《至正金陵新志》记载，玉兔泉
的来历还与宋代的太师秦桧有关。

相传秦桧在夫子庙学宫学习时，一天晚上看见一
只白兔入地，他便派人到玉兔指引的地方进行挖掘，
刚挖到一丈处，发现此处有泉眼，泉水清澈。等到秦
桧考上状元之后，派人开凿造井，并亲自题写篆书
"玉兔泉"。

明代开国功臣、御史中丞兼太史刘伯温专门撰写
了《玉兔泉》一文，记载了秦桧夜晚发现井和开凿造
井的故事，并作铭文，专为玉兔泉水辩冤：

■ 南京夫子庙玉兔泉

《礼运大同
篇》论述礼之源
头和礼之实的专
论，它同后一篇
《礼品》是姊妹
篇。以《礼运》
为篇名，正表明
它的中心内容是
在记录帝王时代
的礼乐之因革。
不过，造成《礼
运篇》脍炙人口
的倒不在于它的
主题和主要内
容，而是由于冠
于篇首的"大同
小康"思想，故
后世有"礼运大
同"的说法。

传统的学府

铭文 又称金文、钟鼎文，指铸刻在青铜器物上的文字。与甲骨文同样为我国的一种古老文字，是华夏文明的瑰宝。本指古人在青铜礼器上加铸铭文以记铸造该器的缘由、所纪念或祭祀的人物等，后来就泛指在各类器物上特意留下的记录该器物制作的时间、地点、工匠姓名、作坊名称等的文字。

桧死为蛆，泉洁自如；

我作铭诗，众惑斯祛。

呜呼泉乎！终古弗谕。

刘伯温的意思是说，秦桧是奸臣，但并不能诽谤和冤枉"玉兔泉"本身。因此他撰写铭文告知大众。

由于玉兔泉清澈透明，水质上乘，加上学宫内又培养和造就了大批的经国人才，后来有人根据儒家"智者乐水，仁者乐山"的思想，而把玉兔泉改为"智慧之泉"，又称"智泉"。

玉兔泉旁边的碑叫《为优拔贡生筹措考盘费》碑，立于清光绪年间，记载了李鸿章、左宗棠等人捐白银1万余两，作为附属七县考生赴京会试公车经费的经过。

大成殿的建筑规制，也是沿用古时候皇帝特批的"九五之尊"的建筑规格。大成殿为重檐歇山顶式，

■南京夫子庙大成殿

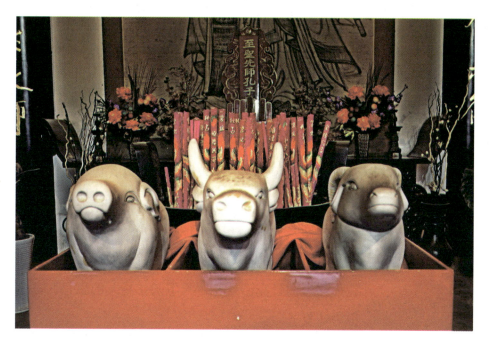

屋面盖青色小瓦，轻秀随和。屋脊的双龙戏珠立雕，号称"江南第一龙"。这种风格的建筑在全国为首创，造型精美。整座建筑重檐飞翘，斗拱交错，气势雄伟。

■ 南京夫子庙大成殿内部

"大成殿"3个金色大字是清代雍正皇帝御笔题写的，大殿左右两侧悬挂着巨幅楹联，对孔子的一生做了精辟的概括。楹联写道：

删述六经，垂宪万世；
德侔天地，道贯古今。

大成殿面阔5间，东西两庑面阔9间，是南京夫子庙的主体建筑，也是祭祀孔子的圣殿。殿前露台正中央一尊孔子青铜像，高4.18米，重2.5吨，是我国最大的孔子青铜像。

李鸿章（1823—1901），本名章铜，字渐甫、子黻，号少荃，晚年自号仪叟，别号省心，安徽合肥人。晚清名臣，官至直隶总督兼北洋通商大臣，授文华殿大学士，谥文忠。作为淮军、北洋水师的创始人和统帅、洋务运动的领袖，曾经代表清政府签订了《越南条约》《马关条约》《中法简明条约》等。

传统的学府

我国古代科举考试以名列第一者为"元"，乡试第一名称"解元"，会试第一名称"会元"，殿试第一名的就是"状元"。因历朝历代多以文艺及哲理为取才的标准，虽然状元中不乏政治家、史学家，但仍以文学家为多。

民间有许多关于这尊孔子青铜像的传说，如摸摸孔子的脚和衣服就能够状元及第，飞黄腾达，所以孔子铜像的双脚被摸得锃亮。

殿内正中间摆放着"至圣先师孔子神位"牌，以供后人的敬仰和尊拜。在孔子神位牌两侧供奉有"四亚圣"，东侧为颜回、曾子，西侧为孔伋、孟轲，都是汉白玉雕成。

颜回是孔子最得意的弟子，被列为孔子弟子中"德行"第一、"七十二贤"之首。他提出"克己复礼为仁。一日克己复礼，天下归仁焉"的思想，被尊称为"复圣"。

曾参16岁时拜孔子为师，是孔子学说的主要传道人之一，是《四书》中的《大学》一书的作者，也是《论语》一书的主要编著者，后被封为"宗圣"。

孔伋是孔子的孙子，著有《中庸》一书，后被封

■ 南京夫子庙祭孔的古乐器

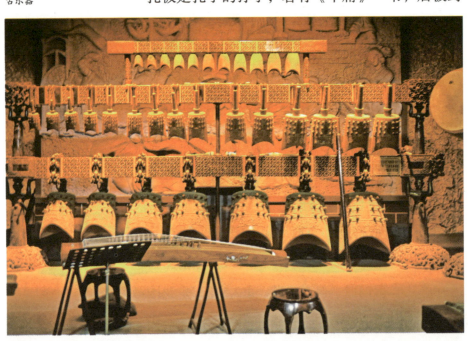

为"述圣"的尊号。

孟轲，即孟子，提出《仁政》学说，倡导"以德服人"，提出"得道者多助，失道者寡助"的重要思想。后人也把孔子、孟子代表的儒家思想称为孔孟之道，后被封为"亚圣"的尊号。

大殿上方有清代8位皇帝题赠的匾额，它们分别是康熙帝的"万世师表"、雍正帝的"生民未有"、乾隆帝的"与天地参"、嘉庆帝的"圣集大成"、道光帝的"圣协时中"、咸丰帝的"德齐帱载"、同治帝的"圣神天纵"、光绪帝的"斯文在兹"匾额。

这一块块匾额印证了清代历朝皇帝尊崇膜拜孔子的历史。清康熙皇帝御笔题写的"万世师表"，整个匾雕龙贴金，十分高贵。"万世师表"的意思是孔子和他的道德学问是我们千秋万世的老师和表率。

在祭祀区内还摆放了用于祭孔乐舞中的古乐器，有编钟、编磬、琴瑟等。

学宫内的"尊经阁"是一座端正凝重、玲珑华丽的重檐丁字脊歇山顶三层古建筑。尊经阁的名称意思是"以经为尊"。古时候为教谕讲课的讲堂，楼

■ 孔子像及"万世师表"匾额

孔伋（前483－前402），战国初期鲁国人，姓子，氏孔，名伋，字子思，孔子之孙。春秋战国时期著名的思想家，儒家的主要代表人物之一。与孔子、孟子、颜子、曾子比肩共称为五大圣人。旧时以子思、孟子、颜子、曾子配祀孔子于孔庙，所以又与孟子、颜子、曾子并称"四配"。

上藏有"十三经"和"二十一史"等书籍。

古时候，藏书历来是读书人的精神寄托，藏书楼是文人雅士心目中的圣殿。尊经阁始建于明代中期，清咸丰年间毁于战火。后来在清同治年间又由一等毅勇侯曾国藩和直隶总督李鸿章相继扩建重建。

清代还在尊经阁开办过"尊经书院"。书院是地方士绅开设的儒学讲习场所，也是科举时代培养人才的途径之一。尊经书院古时为南京的八大书院之一，名噪一时。

文德桥原为六朝金陵二十四航之一，明万历年间建成木桥，之后由钱宏业改建为石桥，桥名取儒家"文德以昭天下"之意。后来修葺时改建为汉白玉桥栏，青石桥面。

因文德桥位于子午线上，每年农历十一月十五子

直隶总督 是总督直隶等处地方提督军务、粮饷、管理河道兼巡抚事的官员，是清代最高级别的封疆大臣之一，总管直隶、河南和山东的军民政务。由于直隶省地处京畿要地，因此直隶总督被称为疆臣之首。

传统的学府

■ 南京夫子庙尊经阁

时，月亮正临子午线，桥影可将河中明月分为两半。此时人立于桥上，俯身可见桥下两个"半边月"，称"文德分月"。立身自顾无影，即为"月当头"奇观。每逢这天，桥上人山人海，观月者常将桥栏挤断而落入水中，故又有"文德桥栏杆靠不住"的歇后语传之于世。

■ 文德桥

武定桥也称上浮桥，最初题名为"嘉瑞浮桥"，与朱雀桥相对。明初易名为"武定桥"，取"文能安邦，武能定国"之意。此名又与文德桥相呼应，俗称文、武二桥。

清代末年，南京夫子庙学宫成为南京民间民俗文化的集结地。南京的评书、相声、扬剧、昆曲、古琴等都落户在这里，各种群众文艺活动十分活跃，与北京天桥、天津劝业场齐名，成为我国曲艺的三大发祥地之一。

在我国教育史上，南京夫子庙学宫具有独特的地位，是科举时代学子读书的最高学府。

比如东晋政权的奠基者之一王导，家住乌衣巷，是六朝时期南京教育的先驱人物。王导提出"建明学校，阐扬六艺，以训后生"，晋元帝于公元317年开始"置史官，立太学"，晋成帝于公元337年在秦淮河南岸重建太学，史称"国学之兴"。

到了明清时期，对南京的夫子庙学宫进行修葺和扩建，明德堂是学宫的主体建筑。

明德堂坐北朝南，始建于北宋，后经几度兴废。现有建筑为清同治年间重建，后又经大规模修复。这里是古代学子上大课的地方，每月初一、十五，学宫都要举行朝圣典礼。典礼后，由学宫教谕主讲孔子学说及当时皇帝的圣谕等。全学宫的学子不分年级，都要到明德堂听课。

明清时期的学子，进学宫学习成为科举的必由之路。许多学子们本着"万般皆下品，唯有读书高"和"圣贤之地、读圣贤书、成圣贤之士"的愿望，来到学宫进行学习和生活。"地处庙内深幽处，悠悠传来读书声"，描绘的就是学宫内学子们学习和生活的场景。

能够说明明清时期南京夫子庙学发展的，还有夫子庙宫院内的"明代学宫碑"和"清代学宫碑"。这两块学宫碑的内容类似现在的大、中学校学生守则。

"明代学宫碑"，是明代开国皇帝朱元璋为教化天下，激励天下士子学人，遵循儒学，于1369年命礼部撰文，规定全国学宫、府学、县学、书院学子们的学习内容及行为准则，史称"学宫条规"。

"清代学宫碑"的碑文是清代顺治皇帝为规范全国学宫、府学、

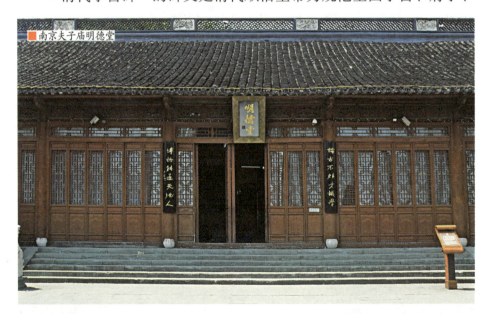

■南京夫子庙明德堂

县学、书院学子们的学习，于1652年命礼部立石于全国学宫。清代学宫碑除规定了学子们的学习教材及相关罚则外，增加了要求学子们尊敬、爱戴父母和老师，做利国利民之事等内容。

千百年来，学子们在孔庙祭孔，到学宫培训，赴贡院赶考。南京夫子庙学宫共走出了66名状元。在清代112名状元中有58名是从南京夫子庙考上的，占了一半以上。夫子庙学宫为我国古代教育积累了宝贵的经验，很多开先河之举已载入史册。

阅读链接

俗话说："自古江南多才子。"历史上南京夫子庙学宫以培养了大批经国人才而享誉海内外，从这里走出了多名安邦治国的名臣、教育家、文学家和艺术家。

比如，三任江宁知府的王安石，南宋忠臣文天祥，我国古典名著《儒林外史》的作者吴敬梓，孔子后代、《桃花扇》的作者孔尚任，清代著名文学家袁枚，民族英雄邓廷桢，清代名臣林则徐，洋务运动领袖李鸿章等，都曾在学宫里留下了他们的足迹。

明代南京国子监与地方官学

我国明王朝建立之初，明太祖朱元璋就确立了本朝的文教政策，即"治国以教化为先，教化以学校为本"。为此，明初采取了一系列重教兴学的措施。

明太祖屡次下诏或遣使向全国访求贤才，招纳明经儒士，给予高官厚禄。此外，明太祖更为重视中央官学培养人才的作用，他强调：

朱元璋画像

太学，天下贤关，礼义所由出，人材所由兴。

明初建都南京后，在南京鸡鸣山设立国子监，称为"南

■ 明代教师蜡像

雍"。国子监设立的负责人祭酒与司业，以及下设的各类别的教官，均列入国家行政官吏之列。

明初设立的南京国子监不仅是全国最高学府，同时又是全国最高的教育管理机构。南京国子监规模宏大，据《南雍志》记载：

东至小教场，西至英灵坊， 北至城坡土山，南至珍珠桥；左有龙舟山，右有鸡鸣山，北有玄武湖，南有珍珠河，延袤十里，灯火相辉。

南京国子监内设绳愆厅、博士厅、典籍厅、典薄厅、掌馔厅5厅，作为职能部门，分管国子监教学、行政和后勤各方面事务。国子监内有学官教官44人，学官教官被任以官轶，明确职责，各司其职。

官学 是指我国封建朝廷直接举办和管辖，以及历代官府按照行政区划在地方所办的学校系统。国家的中央官学，创办于汉朝。魏晋南北朝时期政局纷乱，官学时兴时废，及至唐朝，中央官学繁盛，南宋后逐渐走下坡路。到了封建社会后期，中央官学名存实亡。清朝末年，完全被学堂和学校所代替。

纲常 即"三纲五常"的简称。我国古代以君为臣纲、父为子纲、夫为妻纲为三纲，而仁、义、礼、智、信则为五常。三纲、五常源于西汉董仲舒的《春秋繁露》，但作为一种道德原则、规范的内容，它本源于周礼"尊尊君为首"和"亲亲父为首"的基本原则。

明代南京国子监的学生生源主要有两大类：一类是官生，另一类是民生。官生是出生于官家的子弟，由皇帝准许指派而免试入监。民生的来源，一类是贡监，另一类是举监，指从会试落第的举人中择优者入监肄业，无论是官生还是民生，都享受着比较优厚的生活待遇。

当时官生和民生常走的街巷有一条著名的成贤街。成贤街是一条巷子，巷子不是很宽，但在明代可能算是宽阔的马路了。当时通往国子监的道路，由于是即将准入仕途的官生和民生使用，故这条路被称为"成贤街"。

南京国子监在建立之初和其后的发展中，逐渐建立起一整套学规学制和教育管理制度。

明太祖把纲常道德教育渗透于教学之中，同时还要以程朱理学为正宗思想，要求学生熟读"四书

■ 模拟古代学生学习场景

五经"。此外，还要求学习法令等，以《大明律》《御制大诰》为学习内容。

明太祖重视学规要求，强调学官的师表作用，为此制定一系列法令、制度和惩处条例，对各级学校和学生施行严格的控制与管理。如分级授课，积分法和监生历事制度。

南京国子监还设立了一些专科性学校，这些学校实质上是专门施行某一方面教学的教育机构，用以培养有关方面的人才。

■ 古代学生雕塑

比如，宗学，是明代专为教育宗室子弟而设立的贵胄学校；武学，明代通过设立中央武术学校来进行专门的军事教育，培养军事人才。

南京国子监还设立了一些专业的教育机构，这些机构除施行朝廷专门的职责外，还从事一些教学活动，承担对从事这些专门职责的专业人才的培养教育工作。

比如，钦天监，是明代中央政府设立的专门机构，掌管有关事务并进行事业传学；太医院在明初时设立，后改为太医监，不久改为太医院，学生从医家子弟中择而教之，其特点是在工作的同时从事学习。

明代南京国子监在明代官学的发展中占有重要的历史地位，尤其是在明代前期，对明王朝高等人才的

《大明律》 全称《大明律集解附例》，完成于明洪武年间，是我国法制史上具有划时代意义的法典。这部大法不仅继承了明代以前我国古代法律文献的历史优点，是我国古代法律编纂的历史总结，而且下启清代我国立法活动的发展，为我国近现代的法制建设提供了一些宝贵的借鉴。

■ 古代学生雕塑

传统的学府

培养起着至关重要的作用。

明代南京地区的地方官学空前发展，地方教育网络业已形成，明代南京地区的地方官学主要是应天府学及应天府所辖8县之县学。

南京国子监设立有专门的"监规"，有权对地方府、州、县各级学校颁发学规禁例。当时南京地区的各类学校，按照朝廷的要求，设置统一的课目，学校的教材使用统编的教科书，统一规范各地的教学。

明代的南京地区还设置了一些专门的学业教育机构，这些机构所进行的学业教育亦成为官学教育的补充部分，有阴阳学和医学。

在社学方面，明太祖认为：

> 昔成周之世。家有塾，党有庠，故民无不知学，是以教化行而风俗美。今京师及郡县皆有学，而乡社之民未睹教化，宜令有司更置社学，延师儒以教民间子弟，庶可导民善俗也。

因此，明太祖下诏置社学，南京地区的社学亦由此而大兴，并有了进一步的发展。

社学 是地方官奉朝廷诏令在乡村设立的教化童蒙的学校。始设于元代。元制50家为一社，每社设学校一所，择通晓经书者为教师，教《孝经》《小学》《大学》《论语》《孟子》，并以教劝农桑为主要任务。明承元制，各府、州、县皆立社学，以教化为主要任务，教育15岁以下的幼童。

南京国子监在国际上影响很大，当时邻邦高丽、日本、琉球、暹罗等国"向慕文教"，不断派留学生到南京国子监学习。

由于南京国子监及其他中央官学中，接纳和安置了许多国外前来学习的留学生，留学生教育方面得到很大的发展。再加上当时地方官学的蓬勃发展，在这个时候，就需要有官学的管理与制度。

当时的学政是朝廷派驻各直省督察各府、州、县儒学的最高长官，代表朝廷主持地方的岁科考试，并检查地方官学情况，考核教官。各级地方官学教官是官学教育的实施者，生员资格是通过考试而取得和维持的。另外，生员也要接受严格的科举考试训练。

地方学校的学习内容有"四书五经"、《性理大全》《资治通鉴纲目》《大学衍义》《历代名臣奏议》

学政 为古代学官名，提督学政，主管一省教育科举，简称学政，俗称学台，与按察使属同一级别，正三品。明代学政是由朝廷委派到各省主持院试，并督察各地学官的官员。学政一般由翰林院或进士出身的官员担任。

 古代课堂图

《文章正宗》等书，学政责成教官讲解，学生诵习。按月月课，四季季考，是地方官学的日常考试。

明代对地方官学生员的管理，除了以科举为导向的考课考试外，还体现在朝廷制定的生员学规和禁令上。

明代开设的南京国子监及开办的地方教育，是明代南京教育管理体制的一个新特点，为我国传统教育的发展和创新做出了重大贡献。

阅读链接

在明代南京国子监祭酒当中，有一个叫章公懋的人。他的一个监生因为得不到朝廷颁发的饷银，就请假说去求人帮忙。章公懋听后，脸上不禁显露出替学生担忧之色，就让学生快去，并且希望他得到饷银后告诉自己。

其实，这个监生原本只是想找个借口逃学，但是看到章公懋的担忧之色，就后悔欺骗了祭酒大人，他心想：先生用诚心待我，我怎么能骗他呢？第二天，这个监生鼓足勇气回复章公懋，并言明了事情的原委，请求章公懋原谅。这件事反映出章公懋对学生的真心。

南京江南贡院的创建与发展

南宋时期的1161年末，宋高宗从临安出发巡视建康（今南京），命枢密院编修官史正志扈从随行。宋高宗率一班大臣到达建康府后，驻跸月余。

史正志随驾巡视，悉心观察建康的山川形势后，深感建康的战略地位重要，向宋高宗进言如何防守事宜，宋高宗及群臣都非常认同他的见解。

不久，宋高宗禅位给宋孝宗。宋孝宗久闻史正志之名，授史正志承奉郎，并随时召之内殿听对，甚为倚重。1167年，宋孝宗任史正志知建康府。

建康即今南京，又名金陵，地处长江边，山川形势险要，易

史正志铜像

■ 文天祥画像

传
统
的
学
府

临安 位于浙江
西北部。南宋
政府于1129年升
杭州为"临安
府",级别为
"行在",即陪
都而不是首都,
南宋法定的首都
与北宋一样都是
汴梁,但是当时
已经在敌占区。
自宋以后,临
安、於潜、昌化
县建置和名称基
本稳定。北宋属
杭州,南宋属临
安府,元属杭州
路,明属杭州
府,清因之。

守难攻,进可图中原,退可保江
浙,军事地位突出。历史上曾是
六朝都城,更是南宋江防要塞,
朝廷在此建行宫,称作留都,故
而建康守官一般由朝廷重臣担
任。由于史正志熟谙军事,通晓
韬略,智勇兼备,故而朝廷派他
镇守这一要地。

史正志在建康任军政要职3
年,做了几件值得称道的事,其
中1168年以侍郎蔡宽夫建康旧宅
创建的建康贡院,是供科举考试
的场所,后来发展成著名的江南贡院,其地点在今秦
淮河畔夫子庙附近。据南宋名相马祖光修地方志《景
定建康志》卷32记载:

> 建康府贡院,在青溪之南,秦淮之
> 北,即蔡侍郎宽夫旧址也。乾道四年,留
> 守史公正志建。

建康贡院建成后,对南宋士子通过科举考试进入
仕途提供了一个很好的场所。南宋时期杰出的民族英
雄和爱国诗人文天祥,就是建康贡院考场选出的杰出
人才。

文天祥是宋理宗时的进士,当都城临安危急之
时,他在家乡招集义军,坚决抵抗元兵的入侵。后不

幸被俘，在拘囚中，大义凛然，终以不屈被害。

文天祥著有诗词名篇《正气歌》和《过零丁洋》，反映了他坚贞的民族气节和顽强的战斗精神。诗词风格慷慨激昂，苍凉悲壮，具有强烈的感染力。

南宋时期的建康贡院历经数百年风雨，到明清时期，已经成了南京夫子庙地区三大古建筑群之一，仍然是国家重要的考试场所。清初南京为江南省首府，故建康贡院改为"江南贡院"之名。

1368年，朱元璋击破各路农民起义军后，在应天府称帝，国号大明，年号洪武。朱元璋定都南京后，乡试、会试都集中在南京举行，其他县学、府学必须另建考棚。

明成祖朱棣于1421年迁都北京，将南京仍作为陪都。因江南地区人文荟萃，参考士子日益增多，原有考场便越来越显得狭小。这时，明成祖便继续派人

■ 朱元璋御赐甲第

秦淮河　古称淮水，是长江下游的一条支流，其中流经南京城内的一段被称为"十里秦淮"。秦淮河是南京古老文明的摇篮，南京的母亲河，历史上极负盛名。这里素为"六朝烟月之区，金粉荟萃之所"，更兼十代繁华之地，被称为"中国第一历史文化名河"。

传统的学府

■ 江南贡院

建造江南贡院。

复建后的江南贡院，仍保留有"明远楼""贡院碑刻"等重要文物古迹。

明远楼原为江南贡院的中心，也是贡院最高的一座建筑。明远楼大门上悬有横额"明远楼"3个金字，外墙嵌《金陵贡院遗迹碑》，记述了贡院的兴衰历史。登临四望，秦淮风月，历历在目。

"明远"二字取自儒家经典《大学》中"慎终追远，明德归厚"之意。明远楼左右两侧的对联是"明经取士，为国求贤"。楼内有清康熙年间著名词人李渔所题对联，"矩令若霜严，看多士俯伏低徊，群嚣尽息；襟期同月朗，喜此地江山人物，一览无余"。从联中也可看出明远楼设置的目的和作用。

明远楼两侧是碑廊，陈列着明清时期的贡院碑刻22通，其中有康熙御题碑、两江总督铁宝碑、重修扩

江南贡院碑林

建贡院碑等，是研究明清贡院建制沿革和科举情况的实物资料。

这些贡院碑刻时间横跨明天顺元年的1457年至1922年，详细地记载了这段时间江南贡院的历史兴衰，以及皇帝、大臣、名士等对江南贡院的赞誉、评价和题咏。

《应天府新建贡院记》《增修应天府乡试院记》《江宁重修贡院记》《重修江南贡院碑记》《金陵贡院遗迹碑记》等，记载了江南贡院的迁址、新建、整修、扩建至拆毁的全过程。

《壬午科两大主考公正廉明碑记》《江南贡院主考题名记》《筹措朝考盘费碑》《万寿科题名记》《颂德碑》等，主要记载了江南贡院部分主考、中举考生姓名及清代江南贡院主考、监临官员的清正廉明事迹。

《御制宸翰》《铁保手书》《乙卯贡院诗》《祖洛诗刻》等，则着重反映了从康熙皇帝到大臣名士对科举制度及亲历江南乡试的感慨与抒怀。

《金陵贡院遗迹碑记》则记载着江南贡院在科举制废除后，如何

江南贡院内部

由"数百年文战之场，一旦尽归商战"的全过程。

这些碑刻是江南贡院数百年历史的见证，它们忠实地记录下江南贡院曾发生过的一切重大事件。这样无间断记载着几百年科举考场史实的碑刻，在全国也仅此一处，虽然它记载的只是江南贡院历史，但是通过它可以反映出我国古代整个科举考试的概貌。

江南贡院经过明清两代的不断扩建，已形成一座拥有考试号舍20644间，另有主考、监临、监试、巡察以及同考、提调执事等官员的官房千余间，再加上膳食、仓库、杂役、禁卫等用房，更有水池、花园、桥梁、通道、岗楼的用地，占地近30万平方米。其规模之大、房舍之多，为明清时期全国考场之冠。

阅读链接

明代不仅有南京国子监、北京国子监，还曾在1375年于凤阳另置中都国子学，与当时的南京国子学并立，但是中都国子监选收的学生，均为南京国子监优选后的中式生员。

1393年，罢中都国子监，将其师生并入南京国子监。至明成祖迁都，改北平为北京，并设北京国子监，原置于南京的京师国子监为南京国子监，于是又开始有了南监、北监之分。终明之世，南、北两监一直并立为全国最高学府。

明清时期江南贡院的科举

明清时期，在南京江南贡院举行的乡试称为"南闱"，在北京顺天府举行的乡试称为"北闱"。

明清时期的江南贡院作为当时全国最大的考场，在明清两代出了很多名人。如施耐庵、唐伯虎、郑板桥、吴敬梓、翁同龢等历史名

江南贡院科举考试

■ 江南贡院里的唐伯虎雕塑

施耐庵（1296—1370），本名彦端，汉族，江苏兴化人。元末明初文学家。博古通今，才气横溢，凡群经诸子、词章诗歌、天文地理无不精通。与门下弟子罗贯中一起研究《三国演义》《三遂平妖传》的创作，搜集整理关于梁山泊宋江等英雄人物故事，最终写成"四大名著"之一的《水浒传》。

人，他们均为江南贡院的考生或考官。我国最后一个状元刘春霖也出于此。

施耐庵是江苏兴化人，元末明初著名小说家，长篇古典小说《水浒传》的作者。

施耐庵自幼读书用功，记性又好，他读过的经书和史书，很多都能整篇背诵。遇到教师提问，他能对答如流。长大后不仅乐于帮助乡里人，对待父母也很孝敬。父亲生了病，他和妻子守在床边，送水喂药，彻夜不眠。

这样，到了参加科举考试的时候，地方官推荐了施耐庵参加江南贡院的乡试。后来在1332年，施耐庵考试中了进士，被派到钱塘做了个地方官。他为官3年，因不满官场黑暗，不愿逢迎权贵，弃官回乡，撰写《江湖豪客传》一书，即《水浒传》。

施耐庵写完《水浒传》后没过几年就病逝了。

《水浒传》至今还代代流传。

唐伯虎是明代南直隶苏州吴县人。他自幼聪明伶俐，熟读"四书""五经"，并博览史籍，16岁秀才考试得第一名，轰动了整个苏州城，号称"江南第一风流才子"。

唐伯虎29岁时，到南京江南贡院参加乡试，又中第一名解元。正当他踌躇满志，第二年赴京会试时，因牵涉科场舞弊案而交厄运，绝意仕途。

唐伯虎是明代"吴门画派"四大画家之一。他的画作题材广泛，挥笔自然，风格别具，雅俗共赏，深受各个阶层志士仁人乃至庶民百姓的赞赏与青睐。

唐伯虎的诗风情真意挚，自然流畅，信手拈来，不拘成法，大量采用口语，意境清新，对人生、社会常常怀着傲岸不平之气。

唐伯虎（1470-1523），唐寅，字子畏，号六如居士、桃花庵主等，明代南直隶苏州吴县人。明代画家、文学家。与祝允明、文徵明、徐祯卿并称"江南四大才子"与沈周、文徵明、仇英并称"吴门四家"，又称为"明四家"。代表作品有《骑驴思归图》《山路松声图》《六如居士集》等。

成贤之路

南京国子监

■ 江南贡院考试场景塑像

除诗文外，唐伯虎也尝试作曲，多采用民歌形式，由于多方面深厚的文学艺术修养，经历坎坷，见闻广博，对人生、社会的理解较深，所以作品雅俗共赏，声名远扬。

郑板桥是江苏兴化人。1732年秋，14岁的郑板桥赴南京江南贡院参加乡试，中举人，作《得南捷音》诗。1736年中进士。官至山东范县、潍县知县，有政声。

郑板桥做官前后，均居于扬州，是"扬州八怪"之一。其诗、书、画均旷世独立，世称"三绝"，擅画兰、竹、石、松、菊等植物，其中画竹已50余年，成就最为突出。

吴敬梓是安徽全椒人。他原本是书香门第，有田有房，衣食不愁。可他总爱用钱去帮助穷人。他考中秀才后，几次到南京江南贡院来考举人，都住在秦淮河畔，故称他为"秦淮寓客"。后来他渐渐萌生了到南京来定居的想法，于是举家迁居南京，在秦淮一直住到去世。

■郑板桥画像

吴敬梓一生创作了大量的诗歌、散文和史学研究著作，有《文木山房诗文集》12卷，今存四卷。不过，确立他在中国文学史上的杰出地位的，是他创作的长篇讽刺小说《儒林外史》。

翁同龢是江苏常熟人。他自幼禀性好学，通读"四书""五经"，并

且以优异的成绩考入常熟县学游
文书院。

　　1845年应试江南贡院，考中
秀才，1852年应顺天乡试中举
人，1856年殿试一甲一名，考中
状元。曾做清光绪帝的老师，
"得遇事进言"，光绪皇帝"每
事必问同龢，眷倚尤重"。

　　翁同龢是我国近代史上著名
的政治家、书法艺术家。他文宗
桐城，诗近江西。工诗，间作
画，尤以书法名世。当时的书法
家对他的书法造诣之高十分敬佩。

■ 刘春霖

　　刘春霖是直隶肃宁人。他天资聪颖，学习刻苦，
深受老师喜爱。后来，父亲把他带至保定，入莲池书
院读书，连续攻读10余年，学业长进很快，颇得院长
吴汝纶赏识。

　　1902年，刘春霖在江南贡院考取举人。1904年夏
天他参加殿试，一举获得一甲头名，得中状元。

　　就在刘春霖金榜题名后的第二年，清政府宣布
"停止科举，推广学校"。科举制度的废除，使刘春
霖成为我国历史上最后一名状元。他因此戏称自己是
"第一人中最后一人"。

　　中状元后，刘春霖被授翰林院修撰。次年，便和
同科进士沈钧儒、谭延闿、王揖堂等人一起奉派到日
本政法大学留学。归国后，历任资政院议员、记名福

刘春霖（1872-
1944），字润琴，
号石云，直隶肃
宁人。1904年甲
辰科状元，是我
国历史上最后一
名状元，自言"第
一人中最后人"。
刘春霖善书法，
尤以小楷为著。
小楷笔力清秀刚
劲，深得世人推
崇，时有"大楷
学颜，小楷学刘"
之誉。出版有《大
唐三藏圣教序》
《兰亭序》等小
楷字帖多部；大
字法帖亦有出版。

江南贡院考生及官员塑像

建提学使、直隶高等学堂提调和保定北洋女子师范学校监督等职。

明清时期南京江南贡院的名人除了上述这些外，还有晚清时期的曾国藩、左宗棠、李鸿章、陈独秀等历史文化名人，他们或做过当年的考官，或在此赶考过。

清末废科举兴学校，南京江南贡院也随之失去作用，停止开科取士。1919年开始拆除贡院，除留下贡院内的明远楼、衡鉴堂和一部分号舍作为历史文物外，余下部分全部拆除，辟为市场。

阅读链接

在南京江南贡院科举考试中成名的人当中，张謇也是一个颇有建树的人。1868年以来，他进出科场20多次，终于在1894年41岁时得中一甲第一名状元，授以六品的翰林院修撰官职。

张謇是著名的实业家和教育家，主张"实业救国"。他一生创办了20多个企业，370多所学校，为我国近代民族工业的兴起以及为教育事业的发展做出了宝贵贡献，被称为"状元实业家"。毛泽东同志在谈到我国民族工业时曾说："轻工业不能忘记张謇。"

历代学宫

　　学宫原本是西周时期天子教授国子和贵族子弟的场所，其教育功能和建筑形制在后世得到了继承和发展，涌现出了战国时期的稷下学宫、东汉时期的鸿都门学、唐代龙川学宫、北宋高要学宫、明代汝州学宫等，成为各个朝代地方官学的重要形式之一。

　　各地学宫的建筑格局是明伦堂居中，前部左右设东厢和西厢房，堂后为尊经阁或藏书楼，堂前设儒学门和仪门。此外，还有斋舍、儒学署、教授厅、敬一亭、观德亭等建筑，体现了教育功能与建筑形制的统一。

西周时期的学宫起源与发展

据传说，舜帝年纪很大的时候，尧帝的异母弟契去世了。契是舜帝任命的主要掌管教育的官员，他在世的时候，自始至终没摆半点皇亲、长者、老臣的架子，大家都很尊重他。

契的去世，让舜帝非常心痛。他下令辍朝7日，举朝深切悼念，然后又为契举行了隆重的葬礼。

舜画像

老臣们一个一个地去世，这让已经不再年轻的舜帝无比感伤。岁月流逝，人生易老。于是，他决定开设"庠"这样的学校，不仅可以使老臣们老有所养，而且也算不辜负契生前教化人心的愿望。

西周时期的"庠"具有两个功能：一是将年岁大的老臣供养

在这里并建立养老制度;二是教化人们尊老爱老。

■ 周公旦制礼作乐
群像画

"庠"可以说是我国历史上最早的学宫,它作为养老教化之所,一方面,反映了原始氏族公社尊老敬长的优良传统,以及与教化相关的礼仪和内容;另一方面,它在古代教育的发展过程中,首开太学教育之先河,实属功不可没。

西周学官的主要特征是"学在官府",也就是学在庠。在这一体制下,形成了从中央到地方的较为完善的学校教育体制,以及以礼、乐、射、御、书、数等"六艺"为主体的教育内容。

"六艺"是指礼、乐、射、御、书、数6种技能或能力。"六艺"之中,又有"大艺""小艺"之分,礼、乐、射、御作为大艺,是大学的课程;书、数作为小艺,主要是小学的课程。西周"六艺"教育传统对后世封建社会的教育也产生了深刻的影响。

公元前478年,孔子的弟子将孔子的曲阜"故所

舜 姓姚,名重华,字都君,我国传说历史中的人物,是五帝之一。舜为4个部落联盟首领,以受尧的"禅让"而称帝于天下,建都于蒲阪,国号为"有虞"。他爱护人民、造福于民,倡导天人协和、万物共荣的社会公德,是上古一位有为的君主。

庙学 是指设于孔庙内的学校。孔子一生从事教育事业，去世后也与学校结下不解之缘，他被奉为万世师表，教育始祖，祭祀的庙宇也都设在学校，也就是后来人们所说的"即庙设学""庙学合一"。庙学为历代王朝所倡导，成为古代社会的一项重大教育制度。

■曲阜孔庙

居堂"立庙祭祀，当时有庙屋3间，内藏孔子的衣、冠、琴、车、书等遗物，岁时奉祀。这就是山东曲阜孔庙。自此，历代帝王不断给孔子加封谥号，孔庙的规模也越来越大，成为全国最大的孔庙。

在孔庙未修之前，在学宫里就有祭祀尧、舜、禹等先师先圣的礼仪。孔子去世后，人们在孔庙里学习礼乐文化。此时，学在庙中、庙中有学、"庙学合一"初显端倪。

孔庙建成以后，西周时期"学宫"意思的使用发生了很大转变。由于孔庙往往就是地方上供子弟读书的场所，因此，孔庙又称为学宫。尤其是在明清之际，府、州、县的地方官办学校与地方孔庙的教化功能相结合，共同组成了一个特殊的建筑群类型，即庙学建筑。

学宫与孔庙形成的庙学建筑群平面布局，主要有左庙右学、左学右庙、前庙后学和中庙旁学这4种。

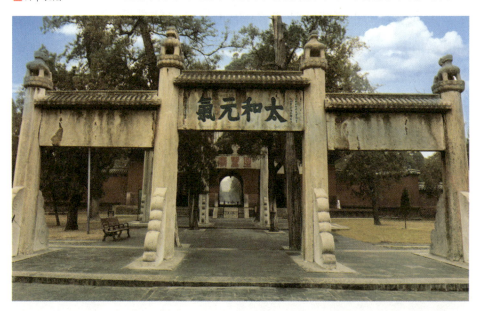

曲阜孔庙弘道门

　　左庙右学是明清地方庙学定型以后的正规布局，其源于周礼中尚左之制，根据"左祖"原则，先圣先师之庙应建在学宫之左。

　　此种布局较早出现在唐代，当时都城长安的孔庙与国子监的布局为左庙右学。元代以后各朝代的都城孔庙都位于国子监左侧。明代中期以后，全国各地绝大多数庙学都是这种左庙右学的布局。

　　左学右庙这种布局出现于南宋时期，可能是受曲阜孔庙、孔林中尚右的影响。孔子从周制尚右，其后代在墓葬和立庙时都遵循这一原则。南宋时的都城孔庙与国子监的布局也是左学右庙，这种布局对南方的庙学布局有一定影响。

　　前庙后学布局是宋元时期孔庙与学宫分离时期的一种布局方式，后来这种布局的庙学有许多改为左庙右学，而有些地方仍沿袭下来，特别是西北和西南地区，如陕西省和山西省的庙学绝大多数都是这种布局。

　　中庙旁学是指孔庙居中，其东西两侧均建学宫的平面布局。这种布局方式非常少见，它是前庙后学向左庙右学过渡时期的产物，如山

■ 模拟古代学生上课场景

西平遥县庙学的孔庙居中，左右为东学和西学。

　　我国古代各地学宫建筑的基本制度为明伦堂居中，前部左右设东厢和西厢房，堂后为尊经阁或藏书楼，堂前设儒学门和仪门两道，此外还有一些其他建筑设施。这种建筑格局，不仅体现了学宫的教育功能，也在我国建筑史和教育史上产生了深远的影响。

阅读链接

　　北京孔庙的大成殿前西侧有一株古柏，名为"除奸柏"。说起这株古柏的名字，还有一个来历呢。

　　相传在明嘉靖年间，有一年奸相严嵩代替皇帝来孔庙祭孔。严嵩本来就心怀篡位之心，这次率百官来到孔庙，就感觉自己真是皇帝似的，得意忘形地在前面大摇大摆地走着。没想到一没留神，就被旁边古柏的树枝掀掉了他的乌纱帽。代替皇帝祭孔，掉了乌纱帽，这可是对皇帝的大不敬，也是对孔圣人的不恭。吓得严嵩一句话也不敢说，捡起帽子慌忙戴上。

　　此事传出后，人们认为古柏有知，痛恨奸臣，所以就叫它"除奸柏"。

春秋名扬天下的稷下学宫

公元前1051年，周武王将为周王朝立下汗马功劳的姜尚封于齐，都营丘。

领封之后，姜尚带领文武百官，携家人侍从，车乘辎重，浩浩荡荡，东行就国。在齐地，姜尚励精图治，奉行尊贤尚功的国策，并积极发展生产，齐国很快成为强国。

到了春秋时期，齐国一度称霸。公元前386年，姜氏失去政权。经过几代努力而获得齐国上下广泛支持的田氏，取代姜氏，扶持田和成为齐国国君。对此，

姜尚蜡像

■ 齐桓公雕像

传统的学府

《风俗通义》
为东汉泰山太守
应劭所著。汉唐
人多引作《风俗
通》。原书共有
30卷、附录1卷，
今仅存10卷。该
书考论典礼类
《白虎通》，纠
正流俗类《论
衡》，记录了大
量的神话异闻，
但作者加上了自
己的评议，从而
成为研究古代风
俗和鬼神崇拜的
重要文献。

日渐衰微的周王朝也代表周朝各国表示承认。这一历史事件被称为"田氏代齐"。

战国时期，各个诸侯国都处于大变革之中。田齐的第三代国君齐桓公田午，当时面临着新生政权有待巩固、人才匮乏的现实。于是，他继承齐国尊贤纳士的优良传统，在国都临淄的稷门附近建起了一座巍峨的学宫，设大夫之号，广泛招揽天下有志之士，称为稷下学宫。

稷下学宫实行"不任职而论国事""不治而议论""无官守，无言责"的方针，学术氛围浓厚，思想自由，各个学派并存。人们称稷下学宫的学者为稷下先生，随其门徒，被誉为稷下学士。

齐威王当政时期，他在邹忌等人的辅佐下，采取革新政治、整顿吏治、发展生产、繁荣经济、选贤任能、广开言路，扩建稷下学宫等一系列政治、经济和思想文化措施，终于使齐国再次强于诸侯，稷下学宫也进入了一个蓬勃发展的新阶段。

对于这段历史，东汉著名学者应劭在《风俗通义·穷通》中记载说：

齐威、宣王之时，聚天下贤士于稷

下，尊宠之，若邹衍、田骈、淳于髡之属甚众，号曰列大夫，皆世所称，咸作书刺世。

由此可见，稷下学宫在齐威王时就已经有了很大的发展。齐威王采取了更加开明的政策，"趋士""好士"，稷下学宫的规模和成就达到顶峰。

公元前319年，齐宣王即位。他在位期间，借助强大的经济军事实力，一心想称霸中原，完成统一全天下的大业。为此，他革新政治，选贤任能，广开言路，还像其前辈那样进一步扩建了稷下学宫。

首先，齐宣王给予了稷下先生们极高的政治地位和礼遇。当时的著名学者如邹衍、淳于髡、田骈、慎到、环渊等76人，皆被授为上大夫。这些人参与齐国国事，可以用任何形式匡正国君及官吏的过失。

其次，齐宣王还为他们修起康庄大道，建立高门大屋，给予很高的俸禄和优厚的物质待遇。如号称"稷下之冠"的淳于髡有功于齐，被贵列上卿，赐之千金，革车百乘。田骈"訾养千钟，徒百人"。

为了广开言路，齐宣王勉励稷下先生们著书立说，展开学术争鸣。史料记载，齐宣王经常向稷下先生们征询对国家大事的意见，并让他们参与外交活动及典章制度的制定。据考证，《王度记》就是淳于髡

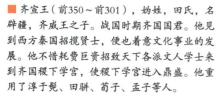

■ 齐宣王（前350～前301），妫姓，田氏，名辟疆，齐威王之子。战国时期齐国国君。他见到西方秦国招揽贤士，便也着意文化事业的发展。他不惜耗费巨资招致天下各派文人学士来到齐国稷下学宫，使稷下学宫进入鼎盛。他重用了淳于髡、田骈、荀子、孟子等人。

等人为齐宣王所拟定的齐国统一天下后的具体制度和措施。

由于齐宣王的大力支持，稷下学者们参政议政的意识空前强烈，学术研究的自主性、创造性和积极性异常高涨，出现了"致千里之奇士，总百家之伟说"的盛况。

稷下学宫在其兴盛时期，曾容纳了当时"诸子百家"中的几乎各个学派。其中主要的如儒、道、名、法、墨、阴阳、小说、纵横、兵家、农家等学派的学者们聚集在稷下学宫，围绕着天人之际、古今之变、礼法、王霸、义利等话题，展开辩论，相互吸收，共同发展，稷下学宫达到鼎盛，世称"百家争鸣"。

齐宣王时期的稷下学宫，其规模之大、人数之众、学派之多、争鸣之盛，都达到了稷下学宫发展史上的巅峰。这既是齐国政治稳定、经济繁荣的产物，

■ 古人学堂情景蜡像

也是当权者重贤用士、思想开放所产生的必然结果。

■ 古代学生学习场景蜡像

公元前221年，齐国为秦所灭，稷下学宫随之消亡，但是秦朝设有七十员博士官的制度，据说是沿用了齐国稷下学宫的传统，而且，秦代的著名博士叔孙通，就号称"稷下生"。

稷下学宫是齐国君主咨询问政及稷下学者议论国事的场所，其根本目的就是利用天下贤士的谋略智慧，为其完成富国强兵、争雄天下的政治目标服务。稷下学者进言，齐王纳言，是稷下学宫作为政治咨询中心的一大特色，显示了稷下学宫的政治功能。

被稷下吸引来的稷下学者都有着积极参与现实的功业思想，他们高谈阔论、竞相献策，期望自己的政治主张被齐国执政者所接受、采纳。

例如，淳于髡曾用隐语谏威王，使之戒"长夜之饮"，从消极悲观中振作起来，亲理国政，奋发图

邹忌（约前385－前319），战国时齐国大臣。以鼓琴游说齐威王，被任相国，封于下邳，称成侯。劝说齐威王奖励群臣吏民进谏，主张革新政治，修订法律，选拔人才，奖励贤臣，处罚奸吏，并选荐得力大臣坚守四境。齐威王采用后齐国渐强。

传统的学府

■ 古代学生读书场景
蜡像

《战国策》 西汉经学家刘向所著的一部国别体史书，又称《国策》，也称《短长书》。为当时纵横家即策士游说之辞的汇编。全书按东周、西周、秦国、齐国、楚国、赵国、魏国、韩国、燕国、宋国、卫国、中山国依次分国编写，分为12策，33卷，共497篇，约12万字。是先秦历史散文成就最高，影响最大的著作之一。

强；他又以"微言"说齐相邹忌，敦促其变法革新。齐宣王与孟子曾多次讨论政事，探求统一天下的途径。王斗曾直面批评宣王"好马""好狗""好酒"，独不"好士"，直到宣王认错、改错为止，"举士五人任官，齐国大治"。

在教育方面，稷下学宫具有培养人才和传播文化知识的性质，被后人称为"田氏封建政权兴办的大学堂""齐国的最高学府"，在教育史上的影响也是巨大的。

稷下学宫的教育功能，一是有众多的师生在开展较正规的教学活动。《战国策》载田骈有"徒百人"，稷下最为前辈的学者淳于髡也有"诸弟子三千人"之称。如此师生济济一堂，定期举行教学活动。

二是稷下学宫有较严格的规章制度，有学者认为《管子·弟子职》篇当是稷下学宫的学生守则，里面从饮食起居到衣着服饰，从课堂纪律到课后复习，从尊敬老师到品德修养，都规定得详细严格。由此可见当年稷下学宫的规章制度也是健全、严格的。

三是稷下学宫有独特的教育特点，游学是其主要的教学方式之一。学生可以自由来稷下寻师求学，老师可以在稷下招生讲学，即容许有学与教两个方面的充分自由。

这些游学方式的施行，使学士们开阔了眼界，打破了私学界限，思想兼容并包，促进了各种学说的发展和新学说的创立，大大促进了人才的培养和成长。稷下学宫便成为教育人才的中心。

在学术方面，稷下学宫的学者总是针对当时的热点问题阐述政见，他们学识渊博，善于分析问题，在表述上旁征博引，穷尽事理，具有一定的理论性和学术性。

同时，由于稷下学者学派不同，看问题的角度不同，解决问题的

■古代老师讲学蜡像

传统的学府

■ 古代学生读书场景蜡像

法家学派 先秦、汉初主张法治的一个学派。法家主张强化君主专制，以严刑峻法治民。商鞅重"法"，申不害重"术"，慎到重"势"，而以商鞅为前期法家的主要代表人物。战国末期韩非综合各家之长，兼言法、术、势，成为法家思想。

方案有异，而会竞长论短，争论不已。在论争中，不仅充分展示了各自的理论优势，而且使学者们也认识到各自的理论弱点，促使他们不断吸收新思想，修正、完善、发展自己的学说，最终促进了稷下学宫在学术上百家争鸣局面的形成，使稷下成为当时发展学术、繁荣学术的中心。

稷下法家学派把管仲的礼法并举的法治思想加以继承、阐发，形成了比较完整的法治思想。稷下法家提倡法律面前人人平等，执法公正，主张德刑相辅，法教统一，反对严刑峻法。

稷下黄老学派的基本体系是由稷下先生慎到、田骈、环渊等创造的，主要著作是《黄老帛书》和《管子》一书中的《白心》《内业》《心术》上下4篇以及《慎子》《田子》《蜎子》等。学术特征为道法结合、兼采百家。

儒家学派的代表人物是孟子和荀子。孟子曾两度游齐国,一次在齐威王时,留齐国至少3年之久。齐宣王时再度游齐国,为客卿,受上大夫之禄,留齐国10余年。荀子也曾到齐国游学,长期在齐国居住,至齐政权第七任国君齐襄王田法章时3次为祭酒,一直是学界领袖。

纵横家学派的代表人物是淳于髡,在政治思想方面,他主张礼、法兼用而倾向法治。他以博学善辩著称,被齐威王立为"上卿",赐"上大夫"之职,为齐国振兴和稷下学宫兴盛做出了杰出贡献。

名家学派的主要代表人物有尹文、儿说等。他们要求人们按事物的本来面目认识事物,"名"一定要符"实",反对名实不符。儿说善于辩说,以"白马非马"之论折服了稷下学宫中众多的著名辩士。

稷下兵家学派对军事理论有深刻的研究,《司马法》《子晚子》就是在齐威王的组织领导下,由稷下兵家学派的学者编著而成的。此外,稷下学宫还有道家、农家、小说家等学派。

稷下学宫的创建与发展,在我国文化发展史上树起了一座丰碑,开创了百家争鸣的一代新风,促成了我国历史上第一次思想大解放、学术文化大繁荣的黄金时代的到来。同时,稷下学宫开启了秦汉文化发展之源,对秦汉以后文化的发展与繁荣产生了深远影响。

阅读链接

春秋战国时期,群雄并起,称霸争雄,社会处于激烈动荡与变革之中。怎样实现由乱到治、由分裂到统一?是实行王道还是霸道?稷下学者展开了大争论。

儒家大师孟子明确主张重王道轻霸道。"霸道",是仗恃国家实力的强大,假借仁义的名义,来称霸诸侯,征服天下。"王道",是依靠道德礼教而实行仁义,经仁义教化征服天下。孟子的学说,不仅在稷下学者中产生了重要影响,也成为我国封建社会历代王朝所推崇的儒家思想。

汉代独特的官学鸿都门学

我国的西汉初年，梁孝王刘武由于好辞赋，门下召集了许多辞赋人才，从事创作，其中的司马相如、枚乘、吾丘寿王、淮南小山、邹阳，都是当时有名的人物。

梁孝王虚怀若谷，常和大家讨论辞赋，这对汉赋的兴盛起了直接的推动作用，也为后来鸿都门学的创立培养了人才。

董仲舒建言汉武帝

公元前140年，16岁的汉武帝登基。为巩固皇权，在文化上采用了董仲舒"罢黜百家，独尊儒术"的建议，兴办太学。他还把一批有水平的文学艺术家招进朝廷供事。这些文人学士在政治上积极支持汉武帝的政策，在文学上又表现出非凡的学识与才能，因而受到重用和赏识。其中就有司马相如，他曾以《子虚赋》《上林赋》等作品得到汉武帝的赞赏。

■ 汉代讲学画像砖

到了东汉时期，汉灵帝刘宏爱好文学，书法。他引召太学生中能为文、赋者待制京城洛阳鸿都门下，以后又将许多善尺牍和工书鸟篆者都加以引召，当时已有数十人。178年二月，东汉灵帝下令创建了一所学院，以选拔人才。该学院因校址设在洛阳鸿都门而得名。

文学和艺术的发展，是鸿都门学这所文艺专科学院创立的又一重要条件。

汉代的散文和辞赋一直被公认为是我国古代文学史上光彩夺目的篇章。书法至汉代也有长足进步，它开始被人们视为一门艺术。汉代的绘画也很发达，以人物画为主，朝廷也借绘画来表彰忠臣义士。总之，文艺的发展为文艺专门教育的产生提供了条件。

我国古代取士除以儒经为主要依据之外，还有以诗文取士的，表现了重视人的才华的倾向。汉灵帝重用文学之士，正是后世文学取士的导源，这些都是他对我国古代教育发展所起的积极作用。

鸿都门学的学生是由州、郡、三公荐举，能为尺牍、辞赋及工书鸟篆者，经过考试合格方得入学，据

《子虚赋》是西汉辞赋家司马相如早期客游梁孝王时所作。此赋通过楚国之子虚先生讲述随齐王出猎，齐王问及楚国，极力铺排楚国之如此广大丰饶。主要张扬大国风采、帝王气象。此赋与《上林赋》构成姊妹篇，都是汉代文学正式确立的标志性作品。

八分书 是隶书的一种，人们把带有明显波磔特征的隶书称之为"八分书"。秦代上谷散人王次仲创造了"八分书"。据说是割程邈隶字的八分取二分，割李斯的小篆二分取八分，故名为八分。后被汉代蔡邕简化为汉隶用作官方字体，有三体石经流传于世，人们称之为楷书，还有人称之为"真书"。

《后汉书·灵帝纪》说曾招"至千人焉"，可见规模之大。

鸿都门学以尺牍、小说、辞赋、字画为主要学习内容。尺牍，是古代书信的名称，由于当时的书信都刻之简牍，规格为以尺一寸，所以称尺牍、尺翰、尺简、尺牒等，原来是一种实用文体，使用广泛。尺牍有一定书写格式，包括章、奏、表、驳、书等类，至汉代，尺牍中已有不少精彩散文，所以，学习尺牍，既有实用性，又有文学性。

鸿都门学所学的小说，是诸如神话传说、街谈巷语、志怪志人之作等。总之，鸿都门学以学习文学、艺术知识为主，不同于以儒学力主的其他官学。

鸿都门学的学生，大多是无身份的地主及其子弟，都是士族看不起的"斗筲之人"，他们以文艺见长而受灵帝的宠信，这些学生学成之后大多都被授予了高

■ 模仿汉代学生

官，有些出为刺史、太守，人为尚书、侍中，还有的封侯赐爵。

汉代学生装束

鸿都门学一时非常兴盛，但延续时间不长，它随着汉王朝的衰亡而结束。鸿都门学虽然设立时间不长，却出了一些著名的书法家，他们主要擅长鸟篆和八分书，代表人物有师宜官、梁鹄、毛弘等。

鸿都门学不仅是我国最早的专科大学，而且是普天之下创立的最早的文艺专科大学。鸿都门学开设的辞赋、小说、尺牍、字画等课程，打破了专习儒家经典的惯例，改变以儒家经学为唯一教育内容的旧观念，提倡对文学艺术的研究，是对教育的一大贡献。

鸿都门学招收平民子弟入学，突破贵族、地主阶级对学校的垄断，使平民得到施展才能的机会，也是有进步意义的。

鸿都门学的出现，扶植了文学艺术的发展，为后来特别是唐代的科举和设立各种专科学校开辟了道路。

阅读链接

汉灵帝为了筹建鸿都门学，可以说是煞费苦心。他曾多次下诏，征召民间名儒和各方面有专长的大家，前来担任鸿都门学博士，为鸿都门学士子讲学。

在当时，很多所谓的名儒对鸿都门学的建立有一种强烈抵触情绪，特别是鸿都门学所招收的学生和教学内容都与太学相反；而民间名儒也大多拒绝灵帝的征召，或以各种理由为征召开脱。汉灵帝因此大怒，下诏凡拒绝征召者，朝廷以后将永不录用。可见汉灵帝用心之良苦。

宋代创建的肇庆高要学宫

广东省的中部有一个名为高要的地方，是西江中下游的政治经济文化交流的枢纽。这里有着悠久的历史和灿烂的文化，人文荟萃，英贤辈出。

宋徽宗画像

早在唐代，高要就出现了一代禅宗大师陈希迁，在六祖慧能门下出家。在其后的禅宗五家，曹洞、云门、法眼三家的传承都渊源于陈希迁。

到北宋时期，宋徽宗爱好笔墨、丹青、骑马、射箭、蹴鞠，对奇花异石、飞禽走兽有着浓厚的兴趣，尤其在书法绘画方面，更是表现出非凡的天赋。上行而下效，在宋徽宗的影响下，整个天下都散发着浓浓的文化氛围。

在高要，为了迎合当时的书画氛围，

培养国家栋梁，出资兴建了高要学宫，后经多次重修，规模日臻完备。

高要学宫四周筑以石栏，大门左侧有一棵300多年的古榕巨树，苍翠葱茏，遮天蔽日。再进里面有树牌坊4个，分别为"崧山起风""端水蛟龙""崇儒""贞教"，中间为青云路，路尽处两旁有贤关、圣域两坊，连接入学宫通道。

高要学宫占地面积488平方米。学宫的头门称文明门，二门上榜书"黉宫"。三孔桥下是泮池，通过大成门。门内为丹墀，丹墀北面是大成殿。殿前东西两侧为庑廊。殿后有尊经阁、明伦堂、名宦祠、乡贤祠、敬一亭等。

大成殿五开间23.5米，高12.3米，木结构建筑。全殿竖36根大楠木柱，柱础为石质花篮形。柱顶为斗

■ 高要学宫大成殿

拱24组，下檐斗拱32组。下檐正立面除柱头置斗拱外，正间置铺做斗拱2组，次间置铺做斗拱1组。

殿宇高大庄严，雕梁画栋，结构严谨，是一座富丽堂皇的古建筑，保留了明代的建筑风格，是民族艺术的瑰宝，所以历代都得到政府部门的重视，社会名流、达官贵人、各界人士及富家子弟也纷纷自愿捐资修缮。

明代御碑竖立于高要学宫大成殿的西侧走廊。这是6块十分珍贵的明代石碑，这组石碑绝大多数是明代嘉靖皇帝朱厚熜亲笔御书。

其中一块较为高大的是晕首竖碑，篆书题额有"御制"二字。"御制"是指碑文是由皇帝所写的意思。

"御制"大碑宽1.16米，高1.98米。碑文为明嘉靖皇帝所作的"敬一箴"及序，箴即箴言，是一种字数相同、讲究工整押韵、内容以规劝告诫为主的文体。

此箴言由4字一对组合为8字一句所构成，共36句288字。言简意赅，琅琅易诵。嘉靖皇帝在序中写道：

朕因读书而有得焉，
乃述所以自勖云。

落款为"嘉靖五年六月
二十一日钦文之玺"，也就是
1526年，在《明史》有相关的
记载。

另外，还有5块篆额"宸
翰"的碑文，则是嘉靖皇帝抄
录。"宸"是指帝皇居所，
"翰"则指文章。这些碑是"程
子视箴""程子听箴""程子言
箴""程子动箴"和"宋儒范氏心箴"碑，并在其后
所作的注解，通俗地讲，就是读过5条箴言后所写的
心得体会的文章。

"程子"碑是"钦奉敕旨"，榜文卧碑，碑文纵
列正楷字体，约1500字，叙述条文12例，是明代宪宗
皇帝朱见深于1479年颁发全国各学府的条例。

程子，字程颐，字正叔，是我国北宋时期的哲学
家、教育家。世称伊川先生，洛阳人。官至崇正殿说
书，讲学达30余年，其学以究理为主，并主张"涵养
须用敬，进学在致知"的修养方法，目的在"去人
欲，存天理"为名教纲常辩护。其学说后来为朱熹所
继承和发展，也称程朱学派。

"宋儒范氏心箴"碑中的宋儒范氏，即范浚，字
茂名、一作茂明。宋代兰溪人。绍兴年间因秦桧当

■ 程颐画像

《明史》是二十
四史的最后一部，
共三百三十二卷，
包括本纪二十四
卷，志七十五卷，
列传二百二十卷，
表十三卷。它是
一部纪传体断代
史，记载了自1368
年至1644年200多
年的历史。《明
史》是我国历史
上官修史书中纂
修时间最长的
一部。

政，范便辞官不赴任，而闭门讲学，笃志研究，著有《香溪集》，学者称他为香溪先生。

这些碑刻既增添了高要学宫的文物遗存，可供人欣赏，又为明代嘉靖皇一朝注重道德规范教育提供了实物见证，对研究肇庆、高要等地的石刻、书法技艺都有着珍贵的历史、艺术价值。

大成殿最后一次修葺是清代道光年间，后来，人们把这座广东仅存的明代府级学宫的大成殿进行加固维修，许多建筑方面的大家特意前来指导。

在这次修葺中，高要学宫重新立起了孔子塑像，增设了大型展柜，使大殿的面貌焕然一新。

大成殿，富丽堂皇，殿内大型展柜的柜内陈列了300多件文物，琳琅满目，给后人以启迪。尤其是大成殿中重新立了我国古代大思想家、教育家孔子的塑像，供人瞻仰，大殿西面的走廊保存着明代碑廊十分珍贵的明代御碑。

高要学宫整座建筑布局，保留了明代我国南方的建筑风格，是我国民族艺术的瑰宝，具有很好而又深远的历史研究价值。

阅读链接

据《明史》记载，明嘉靖皇帝朱厚熜执政早期整顿朝纲，被称为"中兴时期"。嘉靖皇帝为了教化天下，稳固政权，总是以身作则，激励天下士子学人，严于律己，遵循儒学。

为了以维护"三纲五常"伦理道德的理学思想来影响社会风气，嘉靖皇帝特将自己所作的"敬一箴"和所注解的"视、听、言、动、心"五箴言以统一格式颁行天下，立石于全国各地的学宫里。从高要学宫中发现的明代碑刻，正是这一历史事实的最好见证。